百法明門論講錄

釋繼程■著

〔新版序〕寫給台灣讀者

百法皆名相含攝一切法

明序庙人生入於大乘門

論世尊所言一切法無我

講百法明門論述成講錄

乙丑正月十九 太平繼程并題

〔原序〕一本時隔二十年完成的書

流逝的歲月中，有好多事似乎變得遙遠了。

遙遠的事，大多記憶模糊了。

有隻字片言留下成紀錄，或許還會喚回一些較清晰的記憶，但清晰中還是有一些模糊的，或片面的、片段的。

因此對過去的，在沒有需要成為開示內容的，都讓它們過去了。偶爾提起的過去，也只是開示中有作用的，但也是片面的、片段的。

至於過去講過的，即使錄音了，也很少或幾乎沒有去聽了。記錄的，往往是在出版時，因為校對再閱過一遍，過後也很少再去讀了。

很少回頭看過去，盡量專注於現前因緣，並對可見的未來作適當的安排。一段一段都是過程，延續著卻各有因緣，不同因緣中卻前前推向後後。

無常、流動是一切法的實相，那是因為一切法是緣起無我、本性空的。緣起顯現出來的相與用，依著本性空而流動、變化、無常，若能直見空則刹那的生滅，只於當下的因緣具足時運作，即於當下滅去。然而人的感覺卻真實地感覺其實體不變、常恆，故而形成流轉的動力，心亦染著於此而輪迴生死。

當然在現實中，若尚未見空、無我者，此實體感、我執等作用歷然，但若明此正見而在此實我中，不妨學習將過去、現在、未來等作用切開，雖在我執作用中仍無法滅去流轉動力，卻仍可使流轉的力度減輕。

學習把過去放下，安住現前因緣，不刻意計畫未來，在現前因緣具足時將應做的事做好，當成為過去時就學習放下，減少負擔、動力。

《百法明門論》的講解，筆錄到如今打字、即將出版，期間隔了將近二十年。除了講課時主動外，接下來的過程都是被動的，只是讓因緣一段一段地運作。

現在雖然不可能再講出那樣的內容，卻也不能否定當時講解時對佛法體會的程度。隨緣出版了這本講錄，喚起一些回憶，也看看自己曾經走過的痕跡。

感謝所有為出版這本書而努力的同學，同時要告訴大家：不要停留，放下完成的，安住現前的，繼續走下去。

二〇〇一年四月二十三日凌晨
聖嚴師父來馬弘法前夕於太平

目錄

參、翻譯者

肆、本論組織

緒言

這是一部很簡單的論，大約有五百四十多字，是《心經》的兩倍。若只看論文，很難明白，因論中只把百法的一百個名相列出。如果繼續詳細地研究，就會發現這一百個名相並不簡單，因為這一百個名相已經概括了整個宇宙人生的真相。若能把握百法名相，即是把握住論中的重要部分，也即能窺見宇宙人生的真相了。

講解這部論，是要讓大家對唯識的名相有個概念（尤其是對心所法）。雖然本論的中心點並非心所法，我在講解本論時，重點卻是放在心所法。先把心所法弄清楚了之後，再讀《八識規矩頌》或《唯識三十頌》，許多可能面對的問題將可以輕易解決，因為在這些論頌中，都一再地提到這五十一個心所法；同時，從心所法中，我們可以了解自己，因為心所法就等於現代所說的心理學。

人生宇宙，森羅萬象，千頭萬緒，從何說起？
種種學說，紛紛出現，皆為闡釋，此一奧祕。
各有所偏，各是其是，各非其非，見解不確。

「人生」指的是我們和一切與我們有關係的眾生（當然包括了一切眾生），須知佛法雖詳言一切眾生，重點卻是人。「宇宙」的範圍很廣，人也可說是一個宇宙。宇宙是無邊無際的，因為眾生無邊，故眾生的依靠也是無邊。「宇宙」即是時間和空間。時間沒有開始，也沒有結束，故說無始無終；空間也沒有邊際。我們無法以思考和一般的知識來衡量時間與空間，所以說宇宙是「森羅萬象」的。這些現象是非常複雜且非我們所能了解，它「千頭萬緒」，不知要「從何說起」？

世間上的人大約可分成兩種：一種是迷迷糊糊地過日子，對宇宙人生這回事一點也不關心，他們的一生，從嬰兒、少年、青年、中年到老年，平平凡凡地就過去了，大部分人的一生都是這樣；另有一部分的人，稍有思想，他們對生從何來、死往何去、為何會生、為何會死等問題感到疑惑，不滿現狀而欲尋出其根源、找出頭緒。這樣一來，許多的問題就跟著出現，同時也產生了種種的答案。

我們是很普通的人，並不能開創新的學說，但從古人的學說中，卻可以找出答案。思想敏銳者，可以創立他們的學說，因此「種種學說，紛紛出現」，這些學說的出現，「皆」是「為」了「闡釋」「此一」宇宙人生的「奧祕」。在這些學說中，可分為宗教、哲學、科學、社會學和心理學。

總之，在社會、世間上的各種學說的創立，其最終的目的，沒有離開解釋宇宙人生奧祕這個目標。雖然有時會發現他們都沒有找到答案，但是我們必須了解這些學說的出現，主要是在解釋這些問題；如果沒有這些問題和奧祕，所有的學說就不會出現。在這些學說中，有從物質、心理、整個社會或神化立場來看這個宇宙人生，其中也有屬於宗教和人生方面的，但是所有的學問都「各有所偏」：他們不是「各是其是」，便是「各非其非」，「見解」當然「不」能達到正「確」無偏了。

中國人對死的看法，是以為人死為鬼，印度人則以為人死必墮地獄；後來地獄的思想，經由佛教傳入中國，中國人才有地獄的觀念。基督教認為人有兩世，第二世有兩條路可走——天堂或地獄：相信上帝者上天堂，不信者下地獄。這是一種以上帝為主的宗教。另一種是三世的思想，這種思想在佛陀以前的印度早就有了，但所說的不太正確。佛陀成道後，才把三世因果論提出加以改善，成了佛教裡的「因果論」。

因果的道理，簡單地說就是「善有善報，惡有惡報」：稍微詳細的說法是「欲知前世因，今生受者是；欲知後世果，今生作者是」，可是這只是某一個期限的生命因果。佛陀所說的因果不只這樣，它牽涉許多問題，如「業力論」、輪迴的主體等。許多佛學思想家，都認為對「因果論」解釋得最詳盡、最精密的就是唯識學，因為唯識學是以因明學來分析因果的重點。

世尊說法，八萬四千，世人慧淺，莫領其旨。
彌勒慈悲，造瑜伽論，簡約諸法，六百六十。
世親領旨，簡為百法，分為五位，斯旨明矣。

「佛陀（世尊）說法」時，多用「八萬四千」、恆河沙等字眼來形容他所說法之多，其用意並非有一個固定的數目，只是為了說明法有很多，很難計算。佛陀曾有一次對他的弟子如此說：「我已說的法，就如指甲中的灰塵那麼少；我未說的法，就如大地的灰塵那麼多」，意味著佛陀告訴眾生的法，只是他所說的一小部分，可是這一小部分對我們來說已經是很多了。如《藏經》，雖然篇幅很多，但其中所記載的內容卻只是佛陀說法的主要部分，仍有許多沒有被記載。由此可見，佛陀所說的法是這麼的多，只是「世人」智「慧淺」薄，「莫」能「領」會「其」（佛法）宗「旨」或重點。

有句話說：「學佛一年，佛在眼前；學佛兩年，佛在大殿；學佛三年，佛在西天。」若以信仰上來說，這是退步，但是在研究佛學上來說，卻是進步。

有許多學佛者，都遇到這樣的一個問題：學佛了一、二十年，對於佛學是懂一些，但是對真正的佛法卻不懂，因此就會發生一些奇怪的行徑，如拜神、燒往生紙等，這是由於他們沒有把握到佛法的中心點。佛陀為何要說許多法，不像耶教只有一本《聖經》

呢？佛陀不得不說這麼多的法，是因為眾生的毛病實在太多了。「佛說一切法，為治一切心，若無一切心，何用一切法？」所以，學佛者必須學著把握佛法的中心。

佛法的中心點只有兩個字：緣起。雖然只有兩個字，卻包括了所有的佛法，離開了「緣起」就沒有佛法。佛教與異教的不同處也是緣起，這是非常重要的。若要深入佛法，就必須把握從緣起法裡所開展出來的「三法印」——諸行無常、諸法無我、涅槃寂靜。

佛陀所說的法如此廣博，若不能把握其中心點，不易學好。「彌勒」菩薩有鑒於此，便「慈悲」地「造」了《「瑜伽」師地「論」》，共有百卷。他「簡約」地將一切「諸法」歸納為「六百六十」法。唯識宗的創始人是為人所知的無著與世親兩兄弟，可是在無著的歷史，說他是跟隨彌勒菩薩學唯識。這有兩種說法：一說是無著時常上兜率天聽彌勒菩薩說法，另一說是確實有彌勒這個人。

印度向來不重歷史，有許多重要和了不起的歷史人物最後都被埋沒，不為後人所知；也有些重要的思想家或宗教家，最後變成了神話裡的人物。如佛陀的本生故事，實際上在印度是曾經發生過的事情，在歷史上卻找不到這些事物和人物的記載，反而在佛典中找到。彌勒菩薩的情形，大致上也是如此。

在唯識學上，彌勒是一個主要人物，他的《瑜伽師地論》是研究唯識者不能不讀。

如果不讀此論，雖然也把握了唯識某方面的要點，卻不能了解唯識的全部。現在的研究者，若無法把整部《瑜伽論》看完，可以看前人研究《瑜伽論》所寫的論著或文章，這樣也能多少了解其大概。

實際上，這部《瑜伽論》並不容易了解，但它已經是把佛法簡約為六百六十法了。六百六十法對我們來說還是太多了點，許多人仍然無法加以探討了解，所以「世親」菩薩在「領」會《瑜伽論》的宗「旨」後，再把六百六十法「簡」化「為」一「百法」，再將其「分為五位」，故稱五位百法。分類的目的除了讓讀者比較容易了解外，還蘊藏了重要的意義，這在敍述論中內容時會說明。

當世親把法簡約為五位百法時，佛陀（斯）說法的宗「旨」，已經很清楚「明」了「矣」。只要把百法讀完，對佛法的了解相信會有相當地把握，當然這還是不夠，因為它畢竟只提出名相，稍微說明宇宙的情形而已。其實，其中還牽涉許多問題，如心王的解說，只一個阿賴耶識的問題就已經很繁瑣了。假如能把百法中的每一法及其所牽涉的問題弄清楚，大致上來說，對唯識學已經相當地了解了。

我對本論有關八識心王的講解只是一個大略的解說，原因是八識所牽涉的範圍太廣，一時無法解說詳盡。我比較注重後面的部分——心所法，讓大家能了解自己的心理變化和過程，如知道自己的毛病是在哪一方面，就會安心地接受它，當然也要設法去改進它。在百法裡，有一部分即是說明如何改掉不好的習慣和煩惱，這是百法中很重要的部分；至於其餘的部分，解說時會較簡略。

壹、釋論題

論題是整部論的中心點，對論題了解後，也就能大概明白論的內容是什麼。天台智者大師在講解《妙法蓮華經》時，單單一個「妙」字，就講了三個月，他的弟子將它記錄下來，就成了《法華玄義》這部書。我們只要把這部解釋「妙」字的書看完，就不必再看《法華經》了，因為經的中心或精華都已包含在「妙」字裡了。所以，古代大德們經常於講解經題時，都有很好的發揮。

「大」：簡別小。一般說有小才有大，說大是為了簡別小，所以這裡的「大」乘，即是為了簡別「小」乘法。佛教對這個「大」字有兩種說法：

（一）自體寬廣義：體的寬廣即是大，意謂法的內容是很寬很廣的，故稱「大乘法」。

（二）周遍含容義：一件事物大，其含容必定大。世間上以虛空為最大，因它能包含器世間和有情世間；以佛法來說，以心為最大，因心能包含一切。大乘的法門即是談心的。

「大」在佛法中經常也包含「多」、「勝」、「妙」、「不可思議」義，所以

「大」的意義很廣。

「乘」：有兩種讀音，ㄔㄥˊ（成）音是動詞，ㄕㄥˋ（剩）音是名詞。乘即是車乘，交通工具之義。「大乘」二字即是大的交通工具，含有自體寬廣的、能含容的、多的、殊勝的、微妙的，同時是不可思議的交通工具。它的用處是能把眾生從生死運載到涅槃，所以把佛法喻作車乘——交通工具。

所謂「大乘」和「小乘」，是真有分別嗎？當然在教理上是有分別，但這並不是很主要的，因為佛法的中心點在「緣起」。大乘法談緣起，小乘法也談緣起，若以這中心點來看，是沒有什麼分別，其最主要的分別是在行持和發心。假如發的是小乘心，雖然研究的是大乘教理，仍是小乘行者；假如研究的是小乘教理，發的卻是菩提心、大乘心、行菩薩道，就是一個菩薩，雖然他並沒有研究大乘教理。

佛法本來是一味，學佛者千萬不要因為自己學的是大乘法，便自以為是菩薩，別人學的是小乘法，只是羅漢！無論是大乘或小乘，所研究的都是佛法，只不過根機不一樣，各人的興趣局限於某一方面而已。實際上，小乘教理也一樣了不起，就如世親做為一個小乘行者時，他寫下了最偉大的著作——《俱舍論》，說理不只是高深奧祕，在組織上，還比許多大乘的論典來得更完善、更精密。由此可以看出，小乘教理也是很豐富的。所以，我們不能因為所學的是大乘法門，就輕視小乘法，如果能加以研究的話，就絕對不敢對它有輕視的心態。

「百法」：一百種法，即一百個名相。「法」的解說有兩、三種意思，別義來說，有三種說法：

（一）任持自性，軌生物解：每個法都有其自性，即說法的本身有體，有一種作用，這是約世間法說；出世間的說法，則認為一切法皆無自性。

（二）能持自性而不變，以為規範，使人能了解。

（三）有其自己的特性，能為我們認識的對象。

在此舉一個簡單的例子來說明什麼是法：如桌子，以世間法來說，桌子含有自性，因為它有體，即固定的形狀，所以一般人絕不會把椅子看成是桌子；它也有一定的作用，如寫字、承放物品等，所以桌子是有自性的。另一點，桌子能持自性而不變，因為它能保持自性一段時間。雖然一切法無常，但在我們所見所識的範圍內，每一法都可以停留在世間一段時間，而在這段時間內，這一法是存在的（雖然它只是假有）。在這段時間裡，它為人所認識——知道它的「體」和「作用」是什麼？也因為它有這一種特性，所以我們能認識它。這就是「法」的總義。

若以佛法來解說，「百法」中的「法」字，有四種意義：

（一）佛所說教：凡佛曾說過的都稱為法。

（二）法式規則：凡有規則者即稱為法，如法律等。

（三）真如法性：即一切法的本性。

（四）宇宙萬有：即百法。

「明」：智慧義。眾生輪迴世間，是因為「無明」——沒有智慧。

「門」：通達義、進入義。「明門」二字，即說有了智慧，就能進入大乘之門，此智慧即是百法的智慧。假如我們能了解百法，有了百法的智慧，就能進入大乘的法門。這便是「大乘百法明門」六字的意義。

「論」：三藏之一。經是佛說，律是佛制，論則是祖師們解釋經與律的典籍。他們把經中的要點提出來加以解說闡釋，使我們更加易於了解。本論即是一部使我們能了解百法的論。

貳、造論者

一、世親菩薩略史

本論的著者，是世親菩薩，梵語Vasubandhu，音譯為婆藪槃豆（在《藏經》裡就有一部〈婆藪槃豆法師傳〉，真諦三藏所譯）；中譯是世親或天親。據我所參考的資料顯示，譯為「天親」是錯誤的，「世親」才是正確的翻譯。此處我所提出有關論主的資料都是近代最新的資料，都是從近代的著作裡找到。學佛者在研究佛法時應把握研究的方法，即是要隨順時代所應用的方法。

現代流行的方法，我們不妨把它應用在佛法的研究上，但立場要不變，即要以佛教徒的立場來研究佛法。不管所用的是什麼方法，主要的目的都是為了要把更正確的佛理發揮出來，因為佛法經過二千多年的流轉，其中已經摻雜了一些不正確的內容在裡面。如果我們通過好的方法，就能把正確而沒有經過世間法混雜的佛法展現出來。當然這個方法不是一時能學到，不過通過了解近代的資料，我們可以看到這方面的問題。

在中國佛教徒裡，到印度取經而名噪一時的義淨三藏，曾寫了一首〈題西行高僧詩〉，如下：

晉宋齊梁唐代間，高僧求法離長安；
去人成百歸無十，後者安知前者難。
路遠碧天唯冷結，沙河遮日力疲殫；
後賢如未諳斯旨，往往將經容易看。

有關世親菩薩的資料，我還參考了近代一些較正確的文獻：「世親菩薩，梵語婆藪槃豆……生於佛涅槃後九百年，公元第五世紀。」實際上，經過近代學者的考據，世親應生於公元第四世紀到第五世紀這段時間。因為印度的不重歷史，以致許多高僧大德的年代都難查據，如彌勒菩薩，我們就無法查到他是什麼時代的人，只約略知道他與無著的年代相距不遠。對於世親的年代，經考據後也只能說是第四至第五世紀，而不能肯定。

據印順法師的考證說：世親於公元三六一年出生，「為北印度犍陀羅國富羅城人……菩薩青年出家受持三藏」。此處只大略說出他出家的情形，我想進一步補充：世親初出家時，是學小乘佛法，那時正值部派佛教時期。雖然那時大乘佛教已經開始萌芽，但部派佛教仍然相當有勢力，即所謂「大小並行」的時代，其中有一部派名「說一切有部」，為部派佛教中最重要的一派，因此此派勢力最盛。

世親匯集了小乘法，加以整理組織，寫下了《俱舍論》，這是為了發揮自派而破斥別派的所謂不正確的思想，為小乘佛法裡很重要的一部論。世親作了這部論，不但破斥小乘裡其他的部派，同時因他執著小乘法，也對大乘法加以誹謗，後來才由他的胞兄無著菩薩加以攝化。

此中流傳了一個很有意義、很有親切感的故事：無著知道其弟對小乘法有深入透徹的認識，卻經常執著小乘而說大乘的不對。誹謗大乘法是一種很重的罪行，死後必墮地獄。無著很為弟弟擔心，他自己本來學的也是小乘法，後來因領悟到大乘法，即轉向彌勒菩薩學《瑜伽師地論》。現因弟弟的執迷不悟而為他擔心，便詐言病重叫世親回來見他。當晚，無著便率領其弟子在世親鄰房誦念大乘《十地經》。

世親聽了後，發現其中義理都是前所未聞的，當下便知道自己錯了！第二日即請問無著昨晚誦的是什麼經，無著告之是大乘教法的經典，於此就把大乘教法傳授給他。世親聽後，即刻了解到大乘法的圓滿是小乘法所不及。在「悟大乘義，乃深自咎責，欲割舌以贖誹謗大乘之罪，時無著菩薩告以謗法之罪，非割舌所能贖，今唯以此舌轉而弘讚大乘，則罪可除」，世親即放下小乘教法而轉學大乘，並因此成為唯識宗的祖師之一。

近代人在研究唯識學時，如對世親沒有認識是不行的，因在唯識學的許多著作裡，世親的作品占了很重要的地位。

以下是有關世親菩薩的年表，這個年表是把無著、世親合起來的。有一些傳記說他們還有一位弟弟，但據多數人的研究，那不太正確。

◆世親年表（參考印順法師之〈世親的年代〉）

年代（公元）	生平簡介
三三六年	無著出生
三五五年	無著修學
三六一年	世親出生
三七〇年	無著悟大，傳彌勒學
三八〇年	世親修學小乘
四〇〇年	世親回小向大
四〇五年	無著去世（七十歲）
四四〇年	世親去世（八十歲）

二、世親菩薩的著作

世親菩薩回小向大後，便開始廣泛地造論來闡釋大乘的眾多經典。他的著作名聞於世，其中有《百法明門論》、《唯識三十頌》、《唯識二十論》、《攝大乘論釋》、《釋金剛論》、《法華經論》、《往生論》、《遺教經論》、《辨中邊論》、《大乘成業論》、《佛性論》、《涅槃論》、《十地經論》等。

據一位日本學者的研究，世親對「賴耶緣起」思想的重要論作共有八部：《十地經論》、《百法明門論》、《辨中邊論》、《大乘五蘊論》、《大乘成業論》、《唯識二十論》、《攝大乘論釋》、《唯識三十頌》。這八部論中，講的都是唯識學，其中有一部特別被提起的是世親菩薩研究大乘法最重要的一部著作《唯識三十頌》，此論為研究唯識學者所不能不讀。

日本學者這樣說：「《唯識三十頌》是賴耶緣起思想的體系化，為世親一生最精心的一部名著。」這部論把第八識和前七識很有系統地寫出來。當時的唯識學雖然已經發展得很蓬勃，但有關八識系統性的解說和把唯識組織起來的工作還沒有人做到，到世親時才將之組織起來，寫下了《唯識三十頌》。古代論師著論時，都先寫下偈頌，再寫註釋。世親著《二十頌》時，年紀還不太大，在完成頌之後，便寫下了一部註解來把每一頌加以解釋（因為頌文的意義非常簡約，不容易明白）。可是在他寫下《唯識三十頌》時，非常遺憾地是已經八十歲，還來不及寫長行解釋頌文就去世了。《唯識三十頌》因此成了他最後的著作。

《唯識三十頌》是賴耶緣起思想史上最重要的一部論典。當時根據這部論來研究唯識學而有大成就的論師共有十人，即所謂的「十大論師」。他們在印度佛教史上的地位都非常重要，其中有一位名為「護法」的論師，他所研究的唯識學後來被流傳到中國。當玄奘法師西行取經時，所學的唯識學就是「護法」那一系統（現在我們所讀的唯識學，許多還是這一系的）。有關其他的論師，近代許多人只是知道有這麼一位論師，而不知道他的學說系統，因為沒有被流傳下來。這是一件很可惜的事，不然我們可以多了解一些唯識教理。

三、世親菩薩在佛教史上的地位

凡研究某一部論，對作者作個了解是很重要的事。如對作者不了解，也就不容易理解他所著論的內容，所以又特別找出有關資料，抄錄了一些重要的句子作個參考：

（一）「印度佛教，由於他（世親）的出現，其歷史更開創了一個新的紀元，輝煌無比，大乘唯識學也因他的出現，走上了一個新的旅程，奠定深固不拔的基業。」大乘唯識學，可說是開創於彌勒，由無著傳承，卻大成於世親。經過世親的組織整理，唯識學才真正有系統，真正占據印度佛教的重要地位。

（二）「世親不但在大乘佛法上有其輝煌卓越的成就，在小乘佛法的弘傳上，也有其千古不朽的功績。」

世親對小乘佛法，也有非常深刻的研究，這可以從他的著作裡看出，如下面所說：

（三）「世親早年所著《阿毘達磨俱舍論》一書，其組織嚴謹、論證精確，不特享譽當時小乘學界，即至一千數百年後的觀念，其在小乘學的著作中，仍然獨步空前。」這部《俱舍論》的著作，到今天為止，還沒有一個人可以寫出另一部與之媲美的著作。其組織的嚴密，在某一種程度上，比大乘的許多論典還要精密。論中把世間出世間綜合成七十五法。

（四）「世親晚年所著《唯識三十頌》一書，更是轟動印度唯識學界，成為唯識思想史上最膾炙人口的一部論典。」雖然此論只有短短三十個偈頌，但它所含攝的法義，卻是「約千訓於一字，含萬教於一言」。這是世親歸宗大乘佛教後，思想最重要的一部典型代表論典。

（五）「他對大乘唯識學的貢獻，真是功勳彪炳，為印度佛教史上所罕見。其一生著作極多，也稱千部論師。」

世親是當時印度佛教史上一位不易多得的人物，能與他相比的只有龍樹與無著兩位菩薩。他們三位都是大乘佛教裡的重要人物。世親所以被稱為千部論師，據說是他學小乘法時，曾寫了五百部論著，轉學大乘法後，也寫了五百部論著，所以就被稱為「千部論師」。

四、世親菩薩著作完成的先後次第

世親抒發自己思想特見的著作，其先後完成次第大致如下：

1. 《大乘成業論》
2. 《大乘五蘊論》
3. 《唯識二十論》
4. 《百法明門論》
5. 《唯識三十頌》

前面提及世親有關賴耶緣起思想的著作，其中有一部分是他為別人寫的註解：如無著所寫的《攝大乘論》（其一生最重要的著作），世親隨其兄學大乘法時，就為他寫了一部註釋，即《攝大乘論釋》；又如《十地經論》，是解釋經典的論著。這裡所列舉的五部論，則完全是世親個人的創作。其完成的先後次第，經近人研究的結果，即如上面所列的層次。學者們根據他思想上的演變，看出他著作的先後。因印度的不重歷史，世親的著作都沒有標明寫作的日期（中國許多祖師的著作，多數也沒有標明日期，但一般在論典的序文裡，都可以找到其著作的年代，這對後人的研究工作有著很大的幫助）。

著者的思想隨著年代而有所改變，如從他早年的著作、中年的著作和晚年的著作中，可以看出其思想的變遷，所以可從其思想中找出其著作的年代。換句話說，後人就是根據世親抒發自己思想特見的著作裡查出他著作的先後次第，不過沒有找出正確的年代，只能大約知道其完成的先後。

參、翻譯者

本論譯者是玄奘法師，這是一個為人所熟悉的名字。玄奘法師對中國文化的貢獻很大，所以近代以來研究他的學者非常多。研究出好的成績的很多，替他寫傳記的也不少：有用文學手法或考據方法寫的傳記；也有人為他寫年譜；單在《現代佛教學術叢刊》裡，就有兩本是有關他的資料（這只是中國方面的資料，相信日本方面的資料也不少）；外國人也曾為這位高僧寫了不少傳記；民間小說裡也有一部《西遊記》是敍述玄奘法師的（實際上，法師取經的歷程比《西遊記》中所描寫的還要艱辛）。

一、玄奘大師略史

此處摘錄了在中國佛教界裡有相當地位的人——呂澂居士（歐陽竟無的學生，歐陽竟無是當時唯一在學術上、思想上、教理上能與太虛大師辯論的人）所寫的《玄奘法師略傳》，雖然很簡略，卻已經把主要的思想和事物都寫出來了。

「玄奘法師本名禕，俗姓陳，河南洛州緱氏縣人，生於隋開皇二十年（公元六〇〇年）。少時窮困，跟著他的胞兄長捷法師住在東都淨土寺，並學習佛教教理。十一歲時，東都度僧，他便參加了。從此誦習很勤，常在慧日寺聽講《涅槃經》和《攝大乘論》。大業末年，兵亂饑荒，和兄經由陝西入西川。武德五年（六二二年）在成都受了具足戒。武德七年（六二四年），離蜀，到荊州天皇寺，在那裡宣講《攝論》、《毘曇》，淮海一帶的名僧聞風來聚，大德智琰以六十歲的高齡，執禮甚恭。繼而聞道深在趙郡講經，便去聽受《成實論》。再到鄴中向慧休請問《雜心》、《攝論》，前後歷時年餘。貞觀元年（六二七年），他到達了長安，跟道岳、僧辯、法常、玄會等鑽研《俱舍》、《攝論》、《涅槃》，疑難之處，很多得了解決。僕射蕭瑀，欽佩他的智慧超群，奏請令他住在莊嚴寺（大概是備當時十大德之選），但不是他的素志。因為奘師從武德以來，歷遊吳、蜀、趙、魏各地，終達周、秦，凡有講筵，都曾參加。當時諸家之學，雖然各有專精，可是意義紛披，還很難得融貫。這時恰逢印度佛教學者波頗蜜多羅東來，啟示了當代那爛陀寺戒賢所授的《瑜伽師地論》，才可以總賅三乘學說這一個途徑，於是發心前往印度，尋覓《瑜伽》論書的全文，以便窮其究竟。他上表請求西行，但主管的官員不許，只好留京遍學梵書梵語，等待機會。貞觀二年（六二八年）秋，北方遭逢霜災，政府准許道俗四出就食，因此他得便前往敦煌，展轉到高昌國，備受國王的禮敬，延留度過了夏坐，再向西行，那時正當貞觀三年（六二九年）的八月。」

「奘師歷經西域十六國，越過大雪山，進入北印度，路上遇有飽學的大德，都往問學，如此前後四年，才到了摩揭陀國。他在那爛陀寺，依止戒賢論師，受《瑜伽師地論》，講習了三遍，同時旁及大小乘毘曇各論，早晚都不休息，學習滿了五年，他還想進求博學，戒賢力勸回國流通，於是他遍遊五印各國，東起伊爛拏鉢伐多，西至狼揭羅，仍舊回到那爛陀。又去杖林山就勝軍居士學習唯識，首尾又經兩年。他這樣對於印度的佛學，完全窮盡底蘊，並溝通了當時大乘學說中「瑜伽」、「中觀」兩家的諍論，著了《會宗論》一書，得到戒賢和諸大德的贊許。他又應戒日王的請求，折伏正量部論師般若毱多《破大乘論》的異說，著了《制惡見論》。由此他辭別了戒賢東歸，先赴曲女城戒日王的無遮大會，用他所著的二論標宗，徵求答破，但直到十八日大會終了，沒有人敢來應徵。他得到大小乘佛徒的一致推崇，並接受了「大乘天」和「解脫天」的尊稱。又去施埸，看了戒日王大施的盛況，這才攜帶他所搜得的幾百部佛典梵本（後來共存六百五十七部）啟程回來。貞觀十九年（六四五年）正月，他到達長安，唐太宗允許他在弘福寺譯經，供給所需，並召集國內各地大德靈潤、文備等二十餘人，助輯文句。到貞觀二十二年（六四八年），他譯完了《瑜伽師地論》的一百卷大部，請太宗替新譯各經做了總序，這即是後世所傳〈大唐三藏聖教序〉。那一年冬十月，慈恩寺建成，他移入翻譯。又經十年到顯慶三年（六五八年），他遷居西明寺，那時印度僧人阿地瞿多和那提相繼來華，翻譯不專，異說並進，奘師倦於所事，請求停譯，未得允許，移往玉華宮，終於在那裡完成了《大般若經》六百卷的大譯事。綜計奘師從弘福寺開始翻譯，直到玉華，中經一十九年，凡譯出七十五部（除《西域記》一種不計入），一千三百三十五卷。最初在貞觀末，約五年間，他譯出了「瑜伽」學系的一本十支各論；其次，永徽、顯慶中間約十年，又譯出《俱舍》、《婆沙》和一身六足等《毘曇》；最後四年，譯成全部《般若》；這些都整然自成系統。奘師往印度求法，本欲譯布中土未聞的經論，來糾正舊說的訛傳，現在都已一一見諸事實，可謂不辜負他的初志了。在這中間，他還曾應印度童子王的請求，將我國舊籍《老子》譯成梵文，流傳迦摩縷波國，也發生了相當的影響。」

「奘師去印度的時候，路上備嘗辛苦，六十歲以後，身體就時有病痛。等到《般若》譯完，自知精力不繼，便不再準備翻譯，專門做觀行工夫。麟德元年（六六四年）二月，病逝，壽六十五歲。他的弟子基師光大他的學說，中國佛學裡便有了『慈恩宗』的一大宗。」

◆玄奘年表（參考印順法師之〈玄奘大師年代之論定〉）

	事蹟	年代
一	奘公生於隋仁壽二年	公元六〇二年（亦有考定為六〇〇年）
二	奘公出家於隋大業八年，時年十一。	公元六一二年
三	唐武德五年，奘公受具足戒，時年二十一。	公元六二二年
四	貞觀元年八月西行，時年二十六。	公元六二七年
五	貞觀二年，表謝高昌王。時年二十七，出家已十七年。	公元六二八年
六	貞觀十八年，還抵于闐，表奏。時年四十五，西遊已十七年。	公元六四四年
七	貞觀十九年春，還至長安，時年四十六。	公元六四五年
八	顯慶二年，至洛陽，改葬父母，時年五十六。	公元六五七年
九	顯慶二年秋，表請入少林寺譯經。	公元六五七年
十	顯慶五年，初譯《大般若經》於玉華宮，時年五十九。	公元六六〇年
十一	麟德元年二月，卒，時年六十三。	公元六六四年

二、玄奘大師之偉大

這是學者們對玄奘大師崇高的敬仰，張曼濤說：「玄奘大師是我國偉大的高僧之一，但他的成就卻是中國佛教史上，最難得無人可以比擬的一位。在現代學人的許多著作中，稱他為最偉大的翻譯家、旅行家、留學生和語言家（精通九十多種印度方言）等等不一而足。這些稱呼，當然名符其實。他自印度留學回來，當時受到國家領袖——唐太宗的歡迎，其熱烈和盛大，同樣也是空前的，就在今天看來，恐怕不只是空前，也可以算是絕後了。」

說玄奘大師是一位偉大的旅行家，因為他曾有一部著作，是他口述，其弟子辯機筆錄的《大唐西域記》。這部著作到今天已經被譯成一、二十種異國的文字。印度是一個不注重歷史、地理的國家，但其民族有一特性，即是對宗教非常敏感、虔誠。有許多宗教的思想，都是從印度發揚出來，因為他們注重宗教，而宗教對歷史一向是不大注重的，只看重精神上的提昇。在這樣的情況下，要研究印度歷史者，就只好從流傳下來的經典裡去找。當時玄奘法師走過的地方很多，聽聞也多，當他與唐太宗提起這些事情時，太宗便建議他把所見所聞寫下來，這本書後來成了研究印度歷史的第一手資料。

另一位學者幻生法師說：「在宗教界，玄奘大師是一位偉大的宗教家，也是一位偉大的思想家；在史地界，他是一位偉大的旅行家；在留學史上，他是我國最偉大的留學生；在今日，他可說是我國、甚至世界上最偉大的翻譯家和文學家。」

道安法師說：「玄奘大師死後七天，相貌如生，下葬是四月十四日，是夜宿於墓地竟達三萬多人。」唐太宗曾自嘆「相遇太晚，不得廣興佛事」。唐高宗更是崇敬備至，此因大師乃人才中之人才，僧寶中之僧寶，道德中之道德，全國人民精神領袖之領袖！他的勇敢「決志出一生之域，投身入萬死之地」，怎不叫高宗慟哭「朕失國寶，罷朝三日」呢？

說玄奘大師是一位思想家，因為他把唯識思想流傳到中國來。中國的唯識宗就是以玄奘法師為初祖，雖然也有人說唯識宗不是由玄奘法師所創立，他只是翻譯了這方面的經典，成立唯識宗的應該是其弟子窺基大師，這位被人稱為百部論主的高僧。玄奘法師也翻譯了世親菩薩的《俱舍論》，把「俱舍」的思想帶入中國，成立了「俱舍宗」。研究這一宗的人很多，因為《俱舍論》站在小乘阿毘達磨的立場，以七十五法對宇宙人生作了相當詳細的說明。玄奘法師被譽為世界上最偉大的翻譯家，這點是要特別加以強調，因自古以來，還沒有找出一位像他一樣的翻譯家，能翻譯一千多卷的經典。他對中國的學術界、文化界的確作出了偉大的貢獻！

由於玄奘法師翻譯的經典多，中國文字也因此活潑起來。印度經典的翻譯對中國文字的創作起了很大的影響，也可說印度的文字給了中國文字很大的刺激。梵文是世界上最美麗的文字，卻不容易研究（因為其文法、句子很複雜），所以要把它譯成中文就有一個難題——許多字眼在中文裡找不到。為了翻譯，於是中國人便創造了很多文字和句子。這些文字的創造，對後來的文學家和詩人起了很大的作用：他們應用了這些文字，寫出了很多美麗的文章和詩篇。

由於玄奘法師當時翻譯了這麼多經典，再加上歷代以來所譯的經典，同時又由於當時的政治穩定、生活安定，佛教即掀起一片熱潮——許多有學問的人都來研究佛教，幾乎全國最有學問的人都在佛教界裡。他們利用佛教思想來融合中國本有的儒家思想，使當時的中國達到文化鼎盛時期，同時也是大乘佛教思想興盛時期。這是中國思想史和文化史上兩個高潮的其中一個顛峰時期。佛教與中國文化的融合，對中國文化有很大的影響與貢獻，使得後人研究中國文化時不得不研究佛教。

肆、本論組織

閱讀論典時，要了解整部論的組織或其綱領，如此才能真正地了解全論，才能把握論典的中心或重心。

論典的第一部分是「如世尊言」，這一句特別被標起，因這是一句非常重要的話。第二部分是「一切法無我」。第三部分是「何等一切法」，而此答案是從「一切法者略有五種……六真如無為」為止。第四部分是「云何為無我」，其答案是論中的最後一段。論典開始的這四句話，其實已經把整部的組織講完，如果能把握到這四句話，也就把握住這部論的中心了。

有關本論詳細的組織，標明如下：

一、聖言量
二、本論的宗旨
三、解釋一切法
四、解釋二無我

一、聖言量

如世尊言

本論組織的第一部分「如世尊言」是「聖言量」，含有皈敬之意。作者寫下這句話的目的是要告訴讀者這部論不是他的創作，而是根據世尊所說的來寫。古代論師著論都有一定的根據，同時也要皈敬三寶。一般的論典開始的幾首偈，都是皈敬三寶，即使是只有三十個偈頌的《唯識三十頌》，前面也有一頌是皈敬三寶的。

「如世尊言」這句話裡，含有皈敬佛寶和法寶之意。「如世尊言」是皈敬佛寶，「世尊言」是皈敬法寶。作者是依據世尊所說的著論，所以一開始就先皈敬佛、法二寶（因著者本身即是僧寶，所以沒有列出僧寶），在向二寶表示皈敬後，才把論典寫出來。由此可看出論師著論並不草率，都在非常謹慎的情形下來寫，因為論典一旦寫出來後，不但要對自己負責，也須對整個佛教負責：寫得沒錯才能善導群生，否則就會誤導群生了。讀論者也應該抱著同樣的心情，前人用非常恭敬的態度寫論，我們也應以非常虔誠的態度來讀它。讀本論時，就等於是皈依三寶——皈依世尊、皈依世尊所言，以及皈依世親菩薩和玄奘大師。因為這部論是由他們兩位所寫和翻譯的，而他們即是僧寶；即使是在聽講時，也已經含有皈依三寶的意義在內了。

「如世尊言」是表示依據聖言而講。論中的所有說法和看法都是根據聖言，絕對不是世親菩薩自己捏造出來的，所以這是一句「聖言量」。佛陀的境界是不可思議的，唯佛與佛之間才能究竟、才能互相了解，這是一般凡夫所無法理解。在這樣的情況下，我們便依據佛陀所說的為標準，於是就產生了「聖言量」這個名詞。

我們對外在的接觸有三種情形：一是現量，即現前所見；一是比量，即推比而知（人往往是生活在比量中多，比量有時是對的，有時也會因為思想有錯誤而發生錯誤）；另一種是聖言量，即對無法見到、也無法推測的事物，如六道輪迴，只好以佛陀的言說做為標準。本論開首標立「聖言量」，也即告訴了我們本論的來源。無論一個人的思想如何發展，甚至要著述任何論典都可以，但有一點非常重要的是：這個思想的來源出自哪裡？假如這是一種沒有根據的思想，就很容易被駁倒。所以一般人寫文章，間中總會引用一些經典的詞句或高僧的語錄，就是為了要證明所寫的是有根據的。

二、本論的宗旨

一切法無我

本論的宗旨在「一切法無我」裡已經包含無遺了。整部論從開始到結束，就只告訴我們這個道理。但是，既然一切法是無我的，論主又何須把一切法分為一百種呢？主要的原因，是因為論主欲闡明世間並不是獨一無二的。

「我」的涵義有三，即主宰義、獨一義、不變永恆義。既然宇宙人生可分成一百種，那我們可試從一百法中去尋找是否有一個能主宰的、獨一的、不變且永恆的個體。如果找不到，就足以說明一切法或人生都是無我。「一切法無我」不但可說是本論的中心點，也可以說是唯識學的中心。佛陀講唯識，後來的古德解說唯識，其理由就是為了說明「無我」法門，即是說，通過唯識我們就能了解「無我」。佛說「三法印」，其中的「諸法無我」印就是在講「一切法無我」。除此之外，佛也說「緣起」、「因果」、「輪迴」，但最後又說「無我」。

在佛陀未成道以前，印度已經有許多學說存在了。這些學說裡，大都有一個中心思想——輪迴。幾乎所有主張有輪迴的學說，都認為有一主體，即是「我」在輪迴，於是就認為只要把「我」提昇至與梵天融合時，就可以了脫生死，不再輪迴了。但是，佛陀所說的輪迴不一樣。佛教的中心思想在緣起，既然是緣起，則必然是無我；既是「無我」，那到底是誰在輪迴？這成了一個重要的問題。許多祖師從佛陀的說法裡發現到有關的說明，其中一種是唯識，這是說唯有神識在輪迴。此處所說的神識與靈魂不一樣：靈魂是不變的、是「我」的個體，而神識卻是會改變的，這是由於我們接觸外境而造業的關係。業力的形成便是使神識一直改變的一種力量，這種力量若是一直存在，我們就會不停地輪迴——由神識帶領著去輪迴。假如能把這種力量（業力）滅去，就不必再輪迴，反而融入宇宙的空性裡，達到涅槃的境界。

（一）釋一切法

唯識學「一切法無我」的宗旨，在《百法明門論》裡很明顯地被提了出來，但卻沒有詳細的分析，所以我把它提出來分析。

「一切法無我」可分成兩個部分：前段說「一切法」，另一段說「無我」。在這兩個部分裡，又分成四小部分：前三項是說明「一切法」，後一項是解說「無我」。

1. 唯識名相提綱

在研究唯識前，只要能先把握百法，就已經是作了一個很好的準備工夫。唯識學裡的許多名相，百法裡雖然沒有提到，但都離不開百法，所以說百法是唯識名相的提綱。如果想在研究唯識學上下點工夫，就必須先掌握百法名相，如此一來，在研究工作上才會有助於許多問題的解決而不會受到名相的困擾。研究佛學的大問題，即是經常都會為名相而頭痛，但如果能掌握名相，在研究經典或佛書時就容易多了。

2.一切法之分類

一切法被分成五大類：心法、心所有法（心所法）、色法、心不相應行法和無為法。這五位法的分類是讓大家知道宇宙萬有都是由這五類法所形成。如有情世間裡，就一定離不開心法、心所法、色法和心不相應行法；若是器世間，就一定是指色法，這些都是屬於世間的有為法。不過，在聖人的境界裡就一定是無為法或是出世間法。這樣的說明，已經把整個宇宙的情況都很詳細地分類了。

從宇宙萬有的分類，我們可以明達宇宙觀，同時也可以建立正確的人生觀。生活在這個世界上，假如缺少正確的人生觀就很容易墮落；有了正確的人生觀，不但不易墮落，還可以過著正當的生活，更能把生活的素質提昇。人總不能只生活在物質的生活裡，精神生活還是需要提昇的。通過明瞭世界與我們存在的關係，才會用正確的方法生存。

3.佛教心理學之說明

這裡說的是五位百法裡的心所法。心所法用現代的語言來說，即是心理作用。若再深入研究，即是心法。目前世界上研究心理學的人，大約只能研究到心所法和前六識，講到第七識和第八識時，這些心理學家就捉不到頭緒了。不過，有許多心理學家在研究過心理學以後，發現了一個問題：除了我們所能了知的前六識外，還有一種潛伏著的、為人所不能了解的精神作用，他們把它叫做「潛意識」（如果以唯識眼光來看，這只是第六意識的一種較深入的作用而已；若再深入，也只是對第七識的一種很表面的看法）。除此之外，他們尚無法深入第七識和第八識。所以，心理學家的研究最終還是逗留在某一個階段。假如他們能有機會研究唯識學，相信能得到更多的啟示、更好的發揮，對人類的心理會有更深入的提示。

佛教講心理學，與一般的心理學並不完全一樣。一般心理學只是為了說明人類的心理作用是怎樣一回事，所強調的只是說明。不過近年來，美國有許多心理學家已經從說明的範圍跨進了一步，開創了一種「實用心理學」。這種心理學是要讓人們在了解自己的心理作用以後，進一步地將一些不正確的心理糾正過來，發揮好的心理作用。實際上，這種看法在佛陀時代已經被提出來了。

佛教的心理學，有人稱它為「倫理心理學」，屬於道德性的心理學。若能對心理學分析、明瞭，就能達到佛教「斷染成淨」的目的，這也是我們研究佛教心理學所應有的態度。佛教心理學既然是一種道德心理，自然要強調道德觀念，使人能分辨是非與染淨，進一步消除不好的心理，引發善的心理。日本一位學者曾說過：「佛教心理學的目的，不是要以心理活動為活動而說的，而是要以分析、觀察心理的活動作用來資助我們的修養。」佛教心理學不只是為了說明人類的心理活動而已，更是一種倫理心理學。一般心理學不能達到這個目的，它們只是為了說明心理活動而已。了解了心所法後，就能了解自己，這即是我講本論的重點。

研究佛教心理學與研究一般心理學，應持有不同的態度（不過，現代的心理學也漸趨於重視心理學的實用法），這是有因緣的。現代的人，尤其是年輕人，生活在物質生活進步的世界裡，精神卻非常空虛，經常發生精神或心理上的毛病。用醫學來治療是不容易解決這些問題，唯一的辦法就是找心理學家。心理學家透過種種研究，觀察他的行為談吐，了解其家庭背景、環境等之後，就能找出其毛病所在，然後針對其病加以治療。這種情形在今天的美國是非常普遍的。不過，心理治療有時並不能根治，所以許多西方人士非常嚮往佛教或東方宗教，因為東方宗教自古以來都很強調心理道德。禪學初傳入西方時便掀起一片熱潮，就是因為「禪」是一種最根本的心理治療法。

一般，東方國家的心理問題沒有西方國家那麼嚴重，但近年來東方國家的年輕人已經逐漸出現這種毛病——精神空虛，心裡好像失落了一些什麼。這種毛病的產生往往是由於對物質的需求太過強烈，忽略了精神上的需要，這就必須通過佛學或一般的心理學，才能真正地治療這種心理毛病。下表為「百法五對表」，就是把法不斷地分析，到最後會發現為什麼佛教的心理學會被稱為「道德心理學」或「倫理心理學」。

◆**百法五對表**

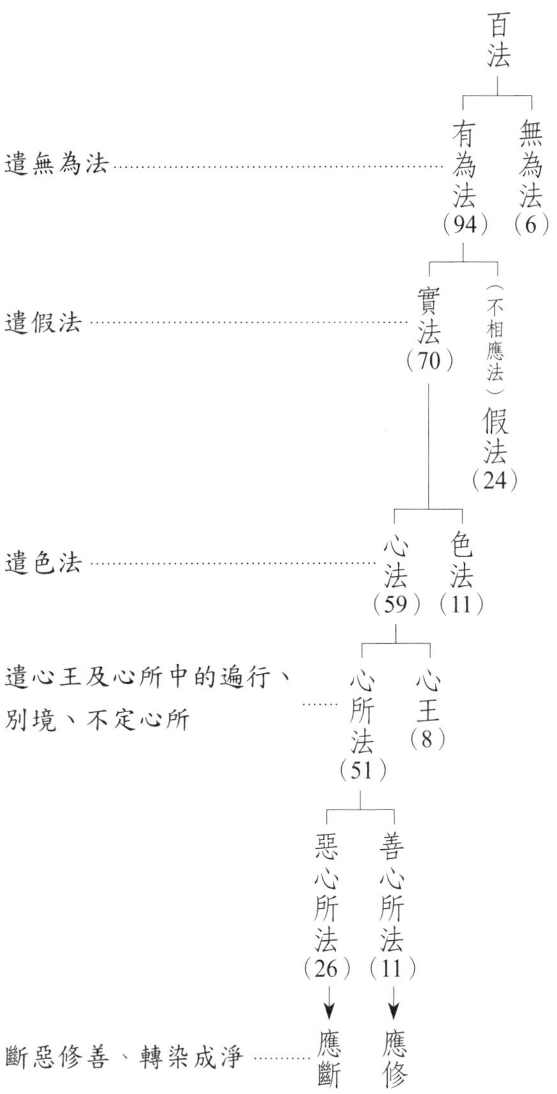

第一對：首先把百法分成無為法與有為法（因百法包含了世間出世間法）。有為法即世間法，無為法即出世間法。由於無為法實際是無法解說的，所以暫時擱無為法於一邊來談有為法。

第二對：有為法中，又分為假法與實法兩種。所謂假法，表示這些法其實是不存在，但由於實法的存在，假法也就從實法的分位上假立。因為假法是假立的，所以也將它暫擱一邊不談。

第三對：實法可分成色法與心法兩種。色法即器世間和身體。色法與心法相依互存，心法若不存在，色法也就沒有存在的意義和價值，比如一個剛死不久的人，身體雖然還完整地存在著，可是卻沒有作用，這就是因為其心法已經不存在了。由此可見，心法的作用是如何地殊勝，故又暫時遣去色法，留下心法。

第四對：心法裡又有心王和心所兩種法，心王是心法的主體，又是不容易了解的（尤其是第七識和第八識），只能從各個角度來看。當心王接觸外境時，必須與心所法同時生起，否則心王就沒有作用。心王就如蠟燭，心所法則如點在蠟燭上的火，如果蠟燭還沒有點火時，它是沒有作用的，因為它不能照亮；反過來說，如果沒有蠟燭，也一樣不能點火。又如睡覺時，心所法不生，故心王就沒有作用；待醒來時，心所法生起與心王相應，認識的作用又再生起，這就可以看出心所法是一種可以左右心王的力量。因此，把心王放開，先來分析心所法（主要是分別其善惡）。

心所法裡有一部分是屬於無記性，無所謂善惡：它可以善、可以惡，但本體卻是無記，故說遍於三性；其善惡的分別，決定在與之同時生起的心所法是善或惡？在六類的心所法中，遍行、別境、不定三類是屬於三性或無記性，善心所法和煩惱心所法才有善惡的分別。因為遍行等三類沒有善惡分別，也把它置之一邊暫時不談，只剩下善心所法十一、惡心所法二十六。

第五對：惡心所法中，有六種是根本煩惱、二十種是隨煩惱。六種根本煩惱有時也被分成十種，即是從第六種不正見裡分出五種不正見（一般說惡心所法有二十六種）。善心所法只舉出十一種，因為這十一種最重要。了解了這十一種善心所法，對我們的修養或修行有很大的幫助，能使我們把惡斷除，故善心所法是「應修」的，或說是日常生活裡所應該發揮的。惡心所法有二十六種，這是「應斷」的，因為它們是煩惱的心所法，只要把它們斷除了，就不會再造惡業，這就能達到斷惡修善、轉染成淨的目的。然後，再進一步地連斷惡轉染和執著善心所的心理也捨掉而進入無為（因為善心所法還是有為法）。若我們要修出世間法，就一定先要好好行持世間善法，然後再把它捨掉而進入無為的境界。

我們現在是著重在善惡心法的了解，因為這對我們的修養有著太重要的關係了。可是善心所法只有十一種，而惡心所法卻有二十六種，因此造惡業的機會比造善業的機會多；往往善心所法還來不及生起，惡心所法已經生起了。我們會發現自己學佛後，反而有更多煩惱，這是因為在未學佛前，不知道有二十六種煩惱（其中還可再分析得更細微），學佛後知道煩惱有這麼多就更覺煩惱了。從另一方面來說，沒學佛者會少一種矛盾——沒有必要在善惡中掙扎；但學佛後就必須掙扎，因為煩惱比善心所法重，要以薄弱的力量來對抗強烈的力量當然就會感到很苦。

前面談過的「百法五對表」是針對心所法而講，它不只說明了百法的宗旨，同時也強調了佛教心理學所指的道德修養。研究佛教心理學不單是為了了解心理活動，同時也因為已對心理作用作了進一步的了解，所以可以引導我們向上向善——把善心所法如法發揮，把煩惱心所法斷除。這是佛教心理學的一個特點。

我們學佛或更進一步地欲了脫生死，實際上就是在面對一場挑戰，但這不是一場向外的戰爭，而是向內心的挑戰。對內戰爭與對外戰爭皆同樣要了解一個道理：必須了解對方和自己，否則戰爭還未開始就會垮了。

善心所法是我們的朋友，煩惱心所法是我們的敵人，了解了這一點，就懂得如何利用朋友的幫助去打倒敵人，所謂「知己知彼，百戰百勝」。如果不知道誰是朋友、誰是敵人，這場戰爭註定要失敗；只有在充分了解誰是友、誰是敵之下，才有戰勝的希望。學佛後愈來愈多煩惱是因為看到了敵人，看到了敵人就無法不起煩惱。未學佛前發現不到有敵人的存在，而實際上敵人就在周圍，隨時可以把我們打垮。

在發現不到有好朋友的情況下，一生可說是在沒有意義中度過，迷迷糊糊地就讓一生過去了，對自己的將來無法預料。不過，如果對心所法有所了解，對自己的未來就不會沒有交代，反而會進一步去轉染成淨、斷惡修善，不必為將來擔心。人會怕死，因為不知道死了以後會到哪裡去？如果有把握不墮落惡道、有把握將來還有機會學佛，就不會怕死了，因為死本來就不可能避免的。

分辨出誰是友、誰是敵之後，就要懂得如何借助朋友的力量去打倒敵人。當然開始時，只能先遠離敵人，不要讓它有機會來干擾，然後才進一步把它調伏，最後把它「除掉」，這樣就能得到解脫。學佛需要通過戒定慧，才能達到解脫的目的。持戒能使人離開煩惱，雖然煩惱還是存在，但由於戒的力量（戒體），它能使我們遠離煩惱而得以修定；有了定力，就能把煩惱調伏下來，再進而從定發慧，把煩惱斷除掉。不過，在還未運用這些方法之前，還是需要先了解什麼是善、什麼是惡，如此才有可能修習戒定慧。

所以，修行的基礎就是對佛理要了解，否則就是盲目修行，就如有許多人在聽說某某金剛上師要來，就人云亦云地去接受灌頂，一點也不了解灌頂的意義和灌頂後要如何修習，結果一點效用也沒有，這是沒有意義的。

（二）釋無我

無我是百法最主要的宗旨。我們所看到的宇宙萬有，包括這個人與人生都是因緣和合而有；離開了緣起，一切法都不存在。所以，一切法實際上沒有自性（從真諦來說），可是為了方便說法（從俗諦來說），就把它說成是有自性。這是為了告訴我們宇宙萬有的實際情形，然後才進一步把一切法都否定掉，說是無我，因唯有通過無我，我們才有辦法把執著去掉，才可能從生死中解脫出來。還有一點要注意的是，在講無我的時候，我們甚至把真如或無為法也空掉，這是因為無為法實際上是不能夠講出來的，一用言語講出來就是有為法了。所以，佛陀在開示了一切法後，再把無我提出來，使人們趨向真理，從生死中解脫出來。

百法被分成五位，五位中的「識」（心法）最為殊勝，因一切法都離不了識而存在。對於心識來說，凡夫將它執為有個實體，即使是學佛人也會有這種執著，而外道更執著得特別深，尤其是承認生死輪迴的，更深信有個不變的靈魂在流轉。對於這所謂的有個不變或特定的輪迴個體，佛陀卻要把它去掉，因為當說它是有個實體時，就一定認為它有永恆不變、主宰、自在的力量，外道稱之為「神我」。無論靈魂或神我，都是把輪迴的個體執著為有一個實體而造成很深的執著。

佛陀為破除此邪見，故說眾生在輪迴時，雖然有個神識或稱為阿賴耶識的東西在流轉，但這識不是一個實體，因為阿賴耶識一旦離開其餘七個心王或心識（一共有八個），及心所法時就不能產生作用。由此可見，阿賴耶識是由眾多的心與心所組織起來，是屬於緣起而沒有實體——是無我的。

百法中說我們每個人有五十九個心（八個心王加上五十一個心所），但並不表示這些心是同時或單獨生起來，而是一個心識生起時，至少要有五個心所法追隨著它，否則心識不能有了別的作用（這一點會在心所法部分時講解得更詳細），這也即表示了當心識對外境有所了別時，最少會有六個心生起來。為了讓我們能更清楚地了解到心並不是一個，百法便將心觸境時所產生的心所（心理）作用分析出來，使人了解心所的作用及心識對內外所產生的了別作用，是每一個剎那都在改變的。當把心分析出許多個後，佛陀才進一步說它是緣起的、無我的。

所以，當我們在讀《百法明門論》或者唯識學的時候，一定要把握住為什麼唯識的宗旨要把識或法分得那麼詳細，要用這麼多名相或名詞來說明這些法——主要是要我們通過對法的認識，知道一切都是無我的。

三、解釋一切法

何等一切法？云何為無我？

為了解釋本論的宗旨——一切法無我，作者便提出以上兩個問題。針對第一個問題，它的解釋很多，可以分為三個部分：

（二）百法的分類說明

一切法者，略有五種。一者心法，二者心所有法，三者色法，四者心不相應行法，五者無為法。

百法被分成五種類別，即是心法、心所有法、色法、心不相應行法與無為法。若我們有注意，就會發現五位百法跟五蘊有點相同，如簡表所示：

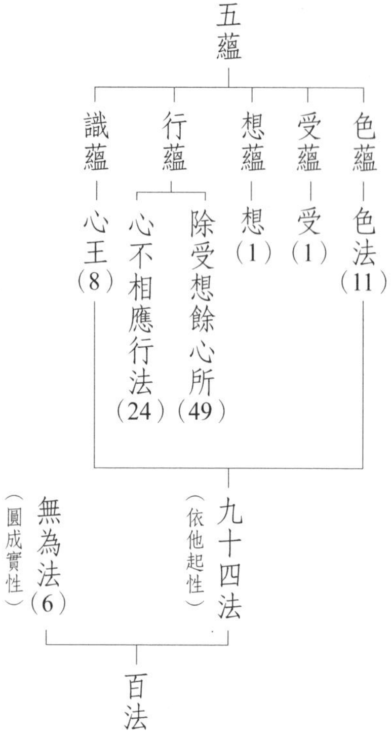

五蘊是色、受、想、行、識，百法是心法（亦稱心王，稱之為王是因為心法是五位百法中最重要的，有著最大的力量）、心所有法、色法、心不相應行法、無為法。五蘊與百法最大的不同處是：從百法所提到的無為法中，可知百法的內容包括了世間與出世間法，而五蘊只是說世間法。在五蘊中，受、想二蘊特別被提了出來，反而在百法中它們只是屬於心所法的部分；五蘊中的行蘊除了包括四十九個心所法（去掉「受」、「想」兩個法）以外，還包括百法的心不相應行法；五蘊是先講色蘊（在百法中便是色法），而百法卻是以心王（在五蘊中便是識蘊）為先。

五蘊以色蘊為先，百法以心王為先，都各有其理由。在講世間法的時候，我們最先認識的便是色蘊，依此蘊，我們才有辦法進一步去了解「受」、「想」、「行」三蘊，甚至更深一層去探討「識蘊」。這就像在《八識規矩頌》裡，是先講前五識，然後第六、第七識，最後才說第八識。然而，《唯識三十頌》是先從第八識開始講起。《八識規矩頌》先講前五識，是因為前五識較容易明白，它比較粗、較容易知道，基於這較粗的理解，我們才進一步深入到較細的部分。至於《唯識三十頌》，它先講第八識，因為這是根本識。若能先把握根本，其他枝末就能較容易去了解。否則，不管我們把前五識與第六識讀得多熟，卻沒將根本的掌握好，也等於不懂唯識。

所以，唯識最主要的部分是在第八識。由此可見，古代祖師大德在寫論的時候，論文的組織如何是有著一定的理由，不是喜歡什麼就先講什麼。否則，這種作風會害了後人，使他們沒有辦法有系統地研究，同時也表露了作者的思路沒有組織，對佛法不夠了解。以前的祖師大德頭腦很精細，多數都受過因明學或邏輯學的訓練，因此他們的思考力、判斷力都很強，使他們對佛法能有深刻的了解，所以論文的組織都很好。

我們讀佛書時也要有方法。如果只是用「苦背」的方式，拚命地用功，可能用了十倍的力量，只有一倍的功效；假如懂得怎樣組織、判斷、思考和評論，那只要用一倍的力量就可能得到一倍的功效。所以，在讀論文時，我們要隨時注意古德是用什麼方法或是怎樣將論文組織起來。以百法來說，如果我們能了解聖言量是什麼、宗旨在哪裡，在解釋一切法的時候，也知道這些法之所以如此次第排列的重要性，就能有效地掌握百法了。

(二) 百法的次第排列

一切最勝故，與此相應故，二所現影故，三位差別故，四所顯示故。如是次第。

百法的排列有著一定的次第，是有原因的。論文先說心法，接著是心所有法、色法、心不相應行法，最後才說無為法。「一切最勝故」是指心法，「與此相應故」是心所有法，「二所現影故」是色法，「三位差別故」是心不相應行法，以及「四所顯示故」是無為法。這排列是有原因的，所以都放了個「故」在各法的後面。這「故」就是原因或緣故，說明某一法之所以會在前面或在某一法的後面。

心法在百法中位居第一，因為一切法不能離開識而有，離開識就沒有法，所以說「一切法唯識」。由此可見，心法是一切法中最為殊勝的，也即是說，心識的作用最大——能造萬法。假如一個人沒有心識，就表示已經死掉了。比如剛死的人，眼睛沒闔上（被說為死不瞑目），耳朵、鼻子、舌頭、身體都還存在，但是卻不能產生作用，因為他的心識已經不在了。外在的一切對別人來說是存在的，但是對於他卻根本沒有任何影響，沒有了作用也就等於不存在了。

又如當我們在睡覺時，前五識停止了作用，只有第六、七、八識還有作用，在這種情形下，我們是不知道外在一切的存在（若有，只不過是第六意識在發揮作用）。另外，在做夢時，前五識似乎有作用，但實際上它卻是停止作用的。雖然在夢境裡有很多現象可能發生：可能會用耳朵去聽、眼睛去看、鼻子去嗅，但前五識卻是對色、聲、香、味、觸不起作用，因此也就可說這些東西都不存在。所以，世間的山河大地或一切法所以會生起來，都是因為心識的關係（尤其是第八識）。

我們要了解到人有別業與共業。一切山河大地（依報或稱器世間）都是人類共同的業力所形成，以共業來說，自己可算是山河大地的一部分，但卻不是全部。因此在我們死的時候，這些東西都不存在，但對活著的人來說，是存在的，因為這是大家的共業。若是別業，比如這個根身，在人死後是不能夠再有作用，別人也不能夠使它產生作用，這是自己的別業、自己的全部，唯有自己能使它生起來。所以，從中可知心法是一切法的根本，故排列時被排在前面。

接下來是心所有法，因它與心法相應，所以被排在心法的後面。所謂的相應，即是誰也離不開誰：離開了心法，就沒有心所法；離開了心所法，也不會有心法。要有相應的情況發生，就需要具備兩個條件或是兩種法，假如只有單單一種法，是不能有相應的作用。比如一隻手是不能打出聲音來（除非是修禪的，禪師要禪眾聽一隻手的聲音，但這是一個話頭；如果能聽到一隻手的聲音，那就開悟了），只有兩隻手相應了，才會產生作用，發出聲音。所以，構成相應的兩種法需要相順不相違。相應有時也被稱為相稱、相當、相符、相合、相契或相起共鳴。當說兩種法相應時，就表示它們一起生起來（稱為「俱起」），產生真正的和合作用。心所法一定是隨著心法和合下生起來，因此才把它排在心法的後面。

對較特殊的心法來說，心所法是較粗略的，只是個助伴，然而卻非常重要。若沒有了心所法，心法就不能對外塵或外境產生了別的作用。比如一根蠟燭，我們一定要將火點上去，蠟燭才有照亮的作用，而這火就等於心所法，蠟燭就是心法。離開了蠟燭，就沒有火光；離開了火光，蠟燭便沒有了作用，由此我們可以知道心所法跟心法之間的密切關係。再者所謂的「助伴」，是讓心法能夠了別外境，因為心識的了別作用是個總相，而心所法的了別作用卻是別相，這也即是說心法只是緣外塵，不能分別外塵是什麼東西。比如若能分別出桌、椅等，這已不是眼識的作用，而是眼識與心所法同時生起所產生的了別。

可見假如沒有心所法，我們便沒有辦法對外境產生了別的作用。但如果真的出現無分別的時候，那就是已達到一切法平等的境界（聖者的境界）了。不過，我們還要進一步地了解，聖者的無分別智不是沒有分別。活在這個世界上，如果沒有分別，就要出問題了。比如對人和馬都要平等看待，不是馬吃什麼人便吃什麼，人吃什麼馬便吃什麼，我們要給兩者分別。我們看待他們的態度或眼光是平等的，因為人有佛性，馬也有佛性，都可以成佛。可是要讓他們生存下去，就要給人吃飯，馬則吃草，可見對外境的分別實際上是重要的。

第三是色法。色法是心法和心所法產生作用以後所變現出來的，所以說它是「二所現影故」，而此「二」即是指心法和心所法。由此可見，若離開了心法和心所法，就不會有色法的存在。比如一個死了的人，色法對他來說是不存在的，因為心法、心所法已沒有了作用。要讓色法產生作用，就不能離開前面兩者，所以才把色法排在第三個位子。

接著是心不相應行法。實際上心不相應行法是假法，從世俗諦（世間法）來說，假法是沒有自性的，它沒有一個獨立的個體和作用，一定要靠其他的法才能顯現，即是說它是由前「三位差別」上假立的法，而此所謂的「三位」便是心法、心所法和色法。心不相應行法不是心法、不是心所法、也不是色法，它是心法、心所法及色法三者之間的關係或聯繫，或者它們之間的某一種狀況。雖然心不相應行法的生起是由以上三法而假立，但之間的關係是存在的。為了解釋三者之間的關係，我們就用一些本身是不存在的名詞來解釋它。

最後一位是無為法。它是「四所顯示故」，意思是無為法的體性甚深，若不約事以明理，便無從彰顯，所以便需藉前四位法，即心法、心所法、色法和心不相應行法的轉染成淨才能顯示，也即是要藉光明法相之有而後方能證法性之無，所以便將無為法排在最後。無為法不能夠被解釋，禪宗說無為法是「心行處滅，言語道斷」，即是離去一切文字和語言的表達。我們沒有辦法用世俗的說法、文字和思考去了解它，必須自己去證悟到這無為的境界，才能真正知道這境界到底是怎麼一回事（但當自己要將這種境界表達出來時，又會發現沒有辦法講出來）？不過為了引導別人，讓別人也對無為的境界生起嚮往的心，便只好用種種方法（借用世間的語言、文字）來解釋它。

前面四位法，我們稱它為「有為法」。「有為法」是有造作的、有業力的，而有業力的就會使人輪迴生死。「無為法」是沒有造作的、沒有作為的，它不會產生業力，也就沒有生死輪迴的存在。舉個例子，一般人在日常生活中所過的一切，跟一個已經開悟的人好像沒有兩樣，如羅漢要吃飯和睡覺，我們凡夫也要吃飯、睡覺，但是談到心境就有差別了：羅漢吃飯時，不造作、不起貪瞋癡的煩惱，所以沒有造業；我們吃飯時，卻是在打妄想或作種種味道上的分別，而當我們在動腦筋想這些事時就是在造業了。因此，吃飯對羅漢來說便是無為法，對我們則是有為法。

無為法本無法解釋，但為讓人明白，就要借助前四種有為法來說明。當我們對前四種有為法有了深刻地了解後，就會知道這些有為法實際上是緣起的，然後進一步使它不會再生起，這時無為法便自然而然地顯現出來。換句話說，當我們把煩惱滅盡了以後，就不再需要進一步說自己做什麼，因為所有的行為已不再和煩惱相應，業力不再存在，生死至此也就可以了脫了。所以，我們修學的責任或修行的目的便是斷煩惱，直到證得無為的境界。

證到無為法而開悟的聖者，在他們的心目中，一花一草是沒有兩樣的，他們所處的地位平等，整個世界就是非常地可愛。在這種情況下，這些聖者不只有這些感受，同時還知道要用什麼態度來面對所觸的外境，因為是用平等的眼光看待一切，也明白每一法的各別作用，所以不會生起煩惱。比如椅子，若我們能用平等的眼光看待，深明它的作用，那無論坐在怎樣的椅子都不會覺得難過。若不能，坐在軟綿綿的沙發上就會感到舒適；反之，坐在硬的椅子上時，就會感到煩惱，這就是貪和瞋發生了作用。

證得無為法的人，不是為求舒服而坐椅子，而是有這個需要，所以不會起煩惱，也不會造業。又如吃飯，如果不起分別，只為了資養生命而吃，那無論好吃與否，都會吃得津津有味。當然，對於可吃與不可吃方面，凡夫還是要有分別，但在聖者的境界是沒有什麼不可吃，即使是吃了有毒的東西，也不會中毒而死（貪、瞋、癡等內毒已斷除，外來的毒就不相應而毒不死），因為在他們心目中一切都平等，所以不受影響。

無為法實在不容易解釋，百法裡用了六個方法，以六種無為（其中較重要的是「虛空無為」和「真如無為」）來解釋，但這畢竟是一種說明，主要的還是要我們從了解中去實踐，然後達到這個境界。

（三）百法名相

第一、心法，略有八種。一眼識，二耳識，三鼻識，四舌識，五身識，六意識，七末那識，八阿賴耶識。

1. 心法

在此，只是對心法中一些較重要的觀念加以說明，不會太詳細地解說。

(1) 前五識

我們先從前五識開始來認識心法，因為從粗到細、從容易覺察到不易覺察的部分來認知，就比較容易建立起一種清楚的觀念。五識，即眼、耳、鼻、舌、身五識。它們各有不同的自性，各有所依之根和各有所緣之境：如眼識是依眼根了別色塵，耳識依耳根了別聲塵，鼻識依鼻根了別香塵，舌識依舌根了別味塵，身識依身根了別觸塵。

另外，眼識只能緣色塵而無法緣聲塵，耳識也不能緣色塵，這是五根的一種必然現象。除非通過禪定的修習而證悟到某種境界，才能六根圓通。所謂「六根圓通」，是說六根可以互相通用——耳又看，眼又聽，不過這已經屬於神通的部分了。雖然五識之間各有其差別，但是差別中卻含有共同之處：

①俱依色根：五識俱依色法五根。眼等五根都屬於色法。前五識要接觸外境產生作用時，一定要依這五種色法的根（第六意識所依之根就不屬於色法，而是心法。意根就是第七識）。

②俱緣色境：五識所緣之境，俱為色法。色、聲、香、味、觸五塵皆屬於色法（第六意識緣法塵，法塵裡包括了心法與色法）。

③俱緣現在：五識皆不能緣過去、未來之法，唯緣現在。如眼識就只能看見現在有的色法，對過去和未來的色法是無法看得到。其餘四識亦是如此，也即是說五識所緣的是現今存在且現前的。

④俱緣現量：五識皆無比量的作用，唯有現量了知所緣，這是由於前五識只能緣現在，因此它所緣的俱是現量的境界。比量是指沒有接觸其整體的外境，只是通過思考去想像，而這已經是第六意識的作用了。前五識無此作用，所以我們不能用眼或其他四根去推測外境。

我個人曾有過這樣的經驗：有一次午睡醒來時，對眼前的事物沒有認識，只知道它的形狀，待轉了幾個念頭才知道那就是衣櫥。在第一剎那，眼識接觸外境時是現量，未經第六意識的分別。這種情形時常會發生在修行者的身上，如一位台大女學生對她的禪修師父說：「我在聽課時，清清楚楚地聽到老師說的每一句話，可是就是不了解其中的意義，無法把話中的意思連貫起來。」這就是由於她的耳識有現量的作用，而沒有經過第六意識產生比量作用，所以無法了別話的意義。

修行者如果能體證到現量，已經是很高的境界，因為現量是平等的，不過一味的平等也不行。活在這個世上，就需要有第六意識的了別，不過開悟者的心對待一切是平等的，因他已經有力量轉第六識成智，所以能生活在現量境中。

⑤俱有間斷：五識皆待眾緣而起，故起時少而有間斷。前五識不能永恆或不間斷地生起作用，如聽課時，用眼識和耳識較多，鼻、舌、身三識的作用就會減少，甚至間斷。睡覺時，前五識也停止作用，即是說前五識在沒有緣外境時，會停止作用。

(2)第六意識

第六意識依意根了別法塵，是八識裡活動最多的。不管我們是在什麼場所、怎樣的情況下，意識甚少停止作用，只有在熟睡時，它才會稍微休息一下，但卻不肯好好地休息。所以會有夢境，就是第六意識「搗蛋」的結果。

當我們的前五識沒有作用時，頭腦一樣沒有停止運作，這就是第六意識的作用。第六意識在人死去時，才會暫時停止活動，但在另一個生命開始時，它又再活動起來。它活動力之強，使我們不斷地造業，不斷地輪迴生死。由此可知，我們所造的善惡業，都須通過第六意識，即使是修習禪定，開顯智慧，也須通過第六意識。所以，我們一定要好好地訓練它，使它集中一處。所謂「置心一處，無事不辦」，如能這樣，它的力量便很強。由於第六意識幾乎沒有停下來過，所以心散亂（在打坐時，就很容易體會到這一點），它活動力之強，使我們沒有足夠的力量去克服它。第六意識大略可分成兩種：

①五俱意識：第六意識有時會與五識同時生起。當前五識發生作用時，第六意識就加以了別分析，如眼睛看見東西時，能知道那是什麼，就是第六意識在分別的結果。

如果第六識沒有去分別，眼識也不會懂得如何分別，其他四識亦是如此。在我們的日常生活裡，待人接物的一言一語都有前五識與第六識同時生起作用。有時這種作用會很清楚，有時卻不太清楚，這在下面談及心所法時，會有說明。

②不俱意識：第六識不與前五識同時生起，而是單獨發生作用。意識了別的法塵，有一部分是屬於心法，如修禪定時，專心一境，那個境往往是不能看到，只是一種觀想：如作不淨觀，實際上眼前並無不淨物，但當專心作這種觀想時，意識的注意力全部集中於這個觀想上，這個時候，前五識的作用對他來說，就沒有了強烈的感覺，這是定位中的獨頭意識。還有獨散的獨頭意識：人於休息時，前五識不起活動，只有意識在轉意識的作用，就是獨頭意識。另外，還有夢中意識。

以上三種意識是不必與前五識同時生起，可見其力量的強烈。前五識有作用時，它可以生起，前五識沒有作用時，它照樣活動，且是不停地活動。如果這個活動與惡心所法相應，就是在造惡業；如果與善心所法相應，造的就是善業。在認識心所法的部分時，大家要把善惡分得清楚，目的就是為了讓善心所法與意識相應，並依著意識的力量引導我們去行善。如果沒有好好觀照第六意識而讓它與煩惱心所法相應，就會不停地造惡業了。

前五識所發揮的是現量的作用，沒有比量。雖然唯識學有說前五識也與某些心所法同時生起而有了別的作用，但實際上，真正的了別作用是在第六意識，故真正的造業者是第六識。前五識只是造業的工具，它們不會分別善惡好壞，對外境的接觸，只是無記性。當然第六識本來也無善惡性，但由於與之同起的心所法有善惡，就有善惡性的分別。有時我們對前五識的現量作用不容易明白，所以也說前五識通於三性，這是因為前五識與第六識共同發生作用。

如果第六識不起作用，前五識是沒有認識作用的，它只能接觸而不能了別，一切的中心活動都在第六識。所以在學佛的過程裡，第六識就顯示出它的重要性了（心理學也特別強調第六識）。如果要改過自新，就要先從第六識開始，修行也是始於此。第六識達到沉靜，前五識也自然流露出沉靜。第六識大略的情形是這樣，如果深入研究它，會是很有趣的一件事。

(3)第七識

第七識是有覆無記。第七識雖然為煩惱所覆蓋，但它本身是無記性的。它只有思量作用，對外境的接觸沒有反應，所以它不會造業。第七識因被煩惱覆蓋，所以緊緊地執著第八意識為我。我執即是因第七識而有。第七識對「我」的執著，是由於無明，此是「我癡」。雖然我們都知道「我」是五蘊和合而成，不是真正的我，但只限於知道而已。唯有「我見」斷去時，我執才能斷，生死也就可以了脫了。

第六識因為是依第七識為根，故第六識發生作用時也要通過第七識。第七識為我愛、我癡、我慢和我見四種根本煩惱所緊隨著，所以當第六識經過第七識而產生作用時，就有了很深的我執；有了我執，對一切都不能以平等心來看待。因為執著「我」，令心高舉，拿自己與別人比較，總覺得自己比較好，這就是一種「我慢」。貪著身體，捨不得放下，便是對「我」的一種貪「愛」。

⑷第八識

第八識即是阿賴耶識，一般稱為「藏識」，有三種作用：

①能藏：能藏有種子。第八識像心田，收集種種的種子，這些種子就是因造業而成的一種力量。種子種在第八識裡，因緣和合時，種子就會現行，產生其作用。

②所藏：為前七識所藏。前六識把所造業的種子（第七識不會造業）都留在第八識中，輪迴時，此識便藏有各種種子。人死時前六識已經沒有作用，可是並不是斷滅，它的作用都藏在第八識裡。當第八識去投胎時，五根加第六識的了別作用又會使它生起現行，引為現前的活動。

③執藏：為第七識所執著為我，不肯放下。

這些都是第八識大概的作用，當然它還有很多其他的作用，在此略而不談。每當提起「心」，就會使人聯想到心臟或頭腦，這是一種執著、一種錯誤。佛陀為了讓我們除去執著，把心分成八種，八種心是總體。如眼識，其實不但是眼睛，還包括了內部的視覺神經和它的作用，人總以為必定有一個東西叫做眼識，但眼識的作用卻非如此，它須與其他的心所法在一起才有作用。當我們用眼睛去看一樣東西時，最少會有六個心同時生起（即是心王加五種遍行心所法），眼睛才能了別。

唯識學把「心」分成這麼多種，為的是不讓我們起執著，知道眼睛在看時，基本上有六心（其實還不只）。見到好的事物起貪、起取，種種心所法隨之而起，可見「心」並不是單獨生起，而是要靠許多法。有了這樣的觀念，執著心便會減輕：對事物起貪時，回想一下，貪到底是沒有什麼意義，那就會降低貪心。心只是了別的作用，沒有獨立的個體，這剛好符合了「緣起」法。心法離了心所法的資助，就沒有作用（這是心與心所法之間的關係），依此也就可以了解「緣起性空」的道理了。

2.心所有法

1.概述六位心所

第二、心所有法，略有五十一種，分為六位。一遍行有五，二別境有五，三善有十一，四煩惱有六，五隨煩惱有二十，六不定有四。

心所有法共五十一種，分成六大類（分類是由於它們的作用有不一樣的地方）：

(1)遍行

遍行者，周遍行起義。遍行的作用是遍於一切：遍四一切，心得行故。四種一切即：

①一切時：過去無始、現在、未來是無終，即已把所有時間連貫起來。於無限的生命裡，遍行心所法都有其作用：遍過去、遍現在、遍未來。

②一切性：指善、惡、無記三性（此三性是人在任何時候都會有的）。善性者：從時間上看，於現在對我們有好處，於未來也有好處，此即所謂「能於此世、他世俱順益，故名為善性」。從空間上來看，對自己、對別人都有好處的，就是善。善包含了利己利人，利益現在以及利益未來。從果報上說，有了善性，便能感樂果。

從佛法的觀點來看，善與惡主要是心念。表面上是善，內心卻抱著壞觀念的就不被稱為「善」，如一個走私販毒的人，為了掩飾自己的罪行來讓人知道他是大慈善家，便會在表面上大作慈善事業。這樣的人，從時間上來看，他只是現在在表面上對別人有好處，可是下一世就要遭到不好的果報，故是不「善」。可見唯有經常讓心保持善念（即所謂「自淨其意」），才有可能招感好的果報。

惡性者：能於此世、他世俱違損，故名為惡性。對現在和未來、對自己和別人都有損害，或對自己有利益而別人有損的，都是惡性。心意之所以沒有善念，是因為有貪、瞋、癡、覆藏種種煩惱跟著它，故是惡性。若心念是惡性，必會感來苦果。

無記性者：分成無覆無記與有覆無記兩種。前者屬於第八識，後者屬於第七識。無覆者即沒有煩惱障覆，有覆者即有煩惱障覆。第七與第八識對善惡沒有強烈的分別或甚至沒有，所以不能說它們是善是惡，而是無記性。

③一切識：即遍八識。從前五識到第八識，都有遍行心所的存在，所以每個心王起作用時，都有六心生起，即是心王加上遍行心所。

④一切地：即遍三界九地（有）。三界九地者：欲界一地、色界四地和無色界四地。

欲界：即「五趣雜居地」。此地混雜了天、人、地獄、餓鬼和畜生（阿修羅本也是一趣，因它雜入五趣裡，故不另列一趣），故說是五趣雜居的地方。

色界：有初禪、二、三、四等禪，是據所修的禪定而排列出高低。若據所修的禪定境界列出，就有「離生喜樂地」，即初禪。離開了欲界粗的欲樂，初次得到禪定的境界，其歡喜的感受很強烈。當他繼續修至一個時期後，又會覺得初禪的境界並不是那麼值得歡喜，於是捨初禪，進入「定生喜樂地」，即二禪。此時心較平靜，仍然有歡喜的感覺。當還在初禪時，覺觀的力量很強，但進入二禪後，覺觀的力量就弱下來了，這就使得歡喜的感受與初禪時的不一樣。當他覺得歡喜還是有衝動性，且不能遍滿全身而只能在心裡感受時，又會離開二禪，進一步到達「離喜妙樂地」，即三禪：離去歡喜，卻有種遍滿全身的快樂，甚至每一個毛細孔都有快樂的感受。色界裡最高快樂的境界就是此禪天，再上去是「捨念清淨地」，即四禪：沒有歡喜，也沒有快樂，只是一種捨念，那時心是清淨的。

此四禪在佛教來講非常重要，因為四禪是修禪工夫的根本。佛陀成道是在第四禪裡，涅槃時也是在第四禪裡，可見四禪的重要。證了四禪，再利用佛教觀想的方法，就容易開發智慧，因四禪有定力，也能發生觀想的作用。如果是到了四空天，雖然定力很強，卻沒有觀想作用，故不能開發智慧。如在欲界得了欲界定，定力還是不夠，即使能得到一點智慧也是不強，只有進入四禪，定力才夠且能產生智慧。

所以，佛陀特別強調四禪，尤其是第四禪，其歡喜快樂的衝動都沒有了，只有捨念。若以佛教的方法從捨念的境界中去開發智慧，這種智慧就能斷除煩惱乃至了脫生死。初禪時還有煩惱，只是不強。一個有初禪定的人，不會發脾氣，因沒有了瞋心的隨煩惱。不過因定不可能斷煩惱，只是壓伏而已，當定力消失時，煩惱又會捲土重來，所以修定後，就要讓它發慧（佛教與外道不同的地方就在這裡）。

修行的方法，一般說是戒定慧。修戒時，只是離開煩惱，因戒沒有能力斷煩惱，只是協助我們在很多的煩惱中不致犯錯（即所謂的「戒體」），使我們能反省，有警覺。修定時，定的境界慢慢增加，心的力量也會增強。如定力與善心所相應，善的力量就強，就能減弱煩惱心所的力量。簡單來看，一個很少講錯話、做錯事的人，定力一般較強，因為在事情未發生或將發生前，他的心就產生了定力，使煩惱心所法生不起來，所以定力能伏煩惱。

如進一步用觀想的方法，或作緣起性空觀，或觀身不淨等，因定力有了，就能完全把心集中在所觀的想上。如作不淨觀時，一旦善根相發起來，就能真的看到不淨，於此就能產生智慧，看到世間的無常、世間的不淨，如此貪的煩惱也跟著斷了；如對男女色欲的貪，就因為看到了對方身體的不淨而不再起貪念，這時，對世間的執著就不再強烈了。如修空觀而見到世間的空，就能證到空慧，那麼對於世間的一切演變都會覺得是幻相，於此就不再貪戀世間，同時也不會討厭世間（因沒有什麼值得貪戀和討厭的），這時就會以一種泰然的態度處世：對生死輪迴沒有了恐懼、沒有了罣礙，要來則來，要去則去，來去自如，至此就了脫生死。

要引發智慧，須有強大的定力才行。如把蠟燭放在屋外，因為風吹的緣故，它的光亮就不會強，且隨時有熄滅的可能；但若把蠟燭放在屋內，沒有風吹，燭光就會強起來。燭光有如智慧，室內有如定，有定燭光的照亮作用便強，無定則如把蠟燭放在屋外，煩惱風大，燭光微弱，作用就不大。當智慧發起的同時，煩惱便不存在了，修行者與沒有修行者的分別也就在於這智慧心境的不同：有智慧者對所作之事沒有執著，無智慧者對所作之事都執著。

無色界：無色界的定力很強，但觀想力微弱。進入了此界，會喜歡遠離世間，卻不會想到要斷煩惱，因為到了那個境界，會以為自己已經證得涅槃。無色界的第一個境界是「空無邊處地」，證得此地時，所見是一片空，許多外道因此以為已得涅槃，其實這還只是定而不是慧；第二是「識無邊處地」；第三是「無所有處地」；第四則是「非想非非想處地」。這些地定力都很強，到了這種境界，就自然會捨棄身體。

四禪八定，以天的名詞來解釋它，稱它是天，因一般人都認為天的境界比人高，其實這些都是心的境界或定的境界。如果已經修到色禪定，當捨去色身時，靠了定力就能生到色禪天去。當進入第三禪定時，就是進入第三禪的境界，也等於是到了第三禪天了。實際上，三禪天並無真正的處所，純粹是定境而已，如在三禪的定境中死去，第八識的作用就停留在那個境界，而其所在就是第三禪天了。

進入禪定時，其境界比一般人高，其色身也會改變，所以修禪時心理、生理同時在改變。一個修禪工夫好的人，身體會較健康，心理的轉變使身體也隨著改變。修至禪定的最高處「非想非非想處天」，最長的壽命有八萬四千歲，但並不是說每一個得到這種定的人都有這個歲數，其中可能有五萬歲、三萬歲或二萬歲。不過定力會消失，一失去時，又會使人再回到世間，到時可能生為人，也可能墮落到地獄、畜生或餓鬼道。所以佛陀說生天並不究竟，如果不懂得用智慧的方法，只是一味入定，定力消失時就會再次面對生死輪迴的煩惱了。如果能從定中發慧來斷煩惱，就不再有煩惱的作用而造業，當然也不會再輪迴生死。

四種一切是五種遍行心所法所有的，五遍行與八識心王同時生起作用，且是從無始以來就有。它可能是善或惡，也可能是無記性，只有與它一起生起的其他心所法才能決定其善惡：如心王與遍行心所法生起的同時，又有煩惱心所法生起，它就是惡的；如同時有善心所法生起，它就是善的。遍行心所法下至地獄，上至非想非非想天都有它的存在，因它恆與第八識相應，而第八識是不論在哪一界都有。所以不管何時何地，遍行心所法都有機會生起來，因此它才名為「遍行」——遍於一切而有。

⑵別境

別境心所法是別別緣境而有，故稱它為別境。它非遍一切時，只有在有境界時才有；也不遍一切識，只有第六識有，前五識可能有，第七識也有它的其中一種，第八識完全沒有；它遍於三性，可能是善的、惡的或無記的；也遍一切地。由此可見，別境心所法的發生是決定在外境。

⑶善

善心所法的作用是離穢、離汙染，對己對人都有好處，如前面所說善性的作用一樣。此善心所已經被決定為善的、沒有惡的或無記的存在，故不遍三性。善心所法共有十一種，不論站在任何角度來看它都是好的，所以它才有資格被稱為「善」。善心所也能遍一切地。

⑷煩惱；⑸隨煩惱

煩惱有擾亂的作用，使眾生不能出離生死。它可分為根本煩惱與隨煩惱兩種：根本煩惱者以其為最基本，隨煩惱者是從根本煩惱裡生出來。根本煩惱如樹的根，隨煩惱如樹的枝葉，如斷去根本，隨也沒有了；如只斷隨煩惱，留下根本，還是要流轉生死。

煩惱心所已被決定為惡的，它們是不好的心所法（心理作用），有能力驅使人作惡，所以對己對人都有害處。煩惱心所法與隨煩惱心所法不遍一切性，也不遍一切地，如其中的瞋心在初禪天就沒有；也不遍一切識，因它只與前五識、第六與第七識相應，不與第八識相應；亦不遍一切時，過去有、現在有、未來卻不一定有，把它斷了，了脫生死以後，煩惱心所就不再生起。

煩惱心所法共有二十六個，而善心所法只有十一個，這表示了煩惱的力量比較強。但不必擔心，因為善心所法遍一切地，而煩惱心所法不能遍一切地而有。由此可看出，善心所法是有其長處的，它的力量仍然比惡心所法強一點，因為當內心進入善的境界時，煩惱就會慢慢伏下，善心漸漸增加時，力量也就愈來愈強。不論我們在什麼地方，都要能與善心所法相應，有了善心所法就有了希望。因此，通過對善與惡的了解，我們可以達到修善斷惡的境界。

(6)不定

不定心所法通於三性：善、惡和無記。此心所法與善心所法相應時則是善，與惡心所法相應則是惡。既然這樣，它為何又不屬於遍行或別境呢？因它非遍一切識，只和第六識相應，故非遍行；又不能緣境而有，只是第六意識的一種作用，故非別境。

II.解釋六位心所

上面簡略地把六位心所解說過一遍，下面再把它們詳細地分析一番。

六大類心所法共有五十一個。「性業表」裡（見二三二頁之「附表」）把每一個心所法分成心所名相、心所體性和心所業用三個部分。在此先解釋有關「性」與「業」的意義：「性」者是體性、是相（以唯識學來說是自性）。唯識學站在世間法的立場，認為每一法都有它的自性，也即是自體的親作用（與它有密切關係的）。「業」是業用，是自體的作用。性與業這兩個名詞，是佛學上常用的。

所謂「性」與「業」的作用，如一張桌子，它的形相是一塊木板，下有四隻腳，因為它有著一定的體，能讓人一看即知道它是一張桌子，於是就為它取名為桌子，這即是它的體性；其業用就是供放置物件或讀書、寫字等。如火的體性是暖，即有溫度的東西就表示有火，而它有燃燒作用；又如鐘磬都有一定的形相和原料，看見這種形相和原料的人都知道它是鐘或是磬，這即是它的體，而鐘磬都有它們各自的作用或業用。心所法的性業也是這樣：如舉出一個心所的名詞，這個名詞就會告訴你它的體相是什麼，即是要在怎樣的情形下用這個名詞來解釋當時的心理作用。每一個心所法都有它特別的作用。

(1)遍行

一、遍行五者。一作意，二觸，三受，四想，五思。

五遍行心所法的先後次序，有列觸在前，作意在後的；也有列作意在前，觸在後的。實際上，這兩個心所法是很難分得出先後，因為它們似乎在同一剎那中發生（以下會有詳細的說明）。現在我們是採用觸在前的說法。

①觸：根、境、識三者和合生觸，觸可說是接觸外境的第一剎那。接觸外境時，一定要有根（指的是向外接觸的五根，即所謂的感覺器官），同時要有塵（外境），加上第六意識的生起。此根、境、識三者相應時，就能產生作用；倘若三者相違，如耳根接觸色塵就沒有耳識的作用，因為它們不能相應而是相違。觸心所法生起來後不是立即滅去，它有相續的作用；如果觸心所一停止，作用也就沒有了。所以，觸也是令根、境、識和合的原因。

我們經常用一個比喻來說明此三者和合的情形：如三支互相依持而立的槍，若抽去其中一支，其餘兩支就會倒下來。觸心所法的作用也是如此，只要根、境、識三者少了其中一樣，觸就生不起來。這就如一個有眼根但沒有眼識的死人，雖然有外境，也一樣沒有了別作用，因為觸不能生起來；一個有眼識但眼根損壞的瞎子，雖有外境，觸也是生不起來；有鼻根，也有鼻識，但無香塵，觸也沒有機會生起來。

當要起了別作用時，觸心所法非常重要，由觸可以產生一系列的了別作用。心法與心所法各有獨立的個體（所以它們是分散的），只有觸能令它們和合在一起產生了別作用。所以，觸是「令心、心所觸境為性」，即是令八識心和其餘五十一心所法產生了別的作用。八識起了別作用時，都有一個境，唯識學稱之為「相分」。心識了別「相分」要靠觸，觸能引生其餘的心所法，以完成一個完整的了別作用。

我曾以自己的經驗作過一個說明：有一次午睡醒來時，見境卻不知那是什麼？當時的那一剎那，就是觸的作用（但也只有接觸作用，即只是眼根、眼識與外境的和合），還沒有發生了別作用。觸的業用，就是受、想、思等所依。受、想、思是指其餘的心所法，它們是依觸而起作用。觸為接觸外境的第一剎那，不過時間非常短（短到不為人所知），但它並無停止，仍繼續發揮它的作用，讓其他的心所法隨著生起。

②作意：作意即是注意，「警覺應起心種為性」，其作用在心所法中很重要。根、

境、識接觸了，若沒有作意心所加以注意，就沒有對境了別的認識作用，即所謂「聽而不聞，視而不見」：如上課時，老師發出聲塵，學生由耳根產生耳識，就有了觸的作用；但如果沒有作意心所轉移到聲塵上，他根本不知道老師在講什麼。所以，作意有著令心起警覺、產生對外境注意的作用，即以「引心令趣自境為業」。

作意與觸之間的關係非常密切，甚至對它們發生的先後亦難以分別：到底是先注意，然後三者和合？還是先有和合作用，然後才注意呢？如果是觸了才注意，有時在沒有注意的情況下也會有觸。一般兩者都可能有先後：有時是先觸然後作意，有時是先作意然後觸；若堅持要分出兩者的先後，似乎是不太可能的事。因此，祖師們作論時，通常有兩種編排法，如本論是先作意然後觸，而《五蘊論》卻是先觸然後作意。兩部論同是世親菩薩所寫，卻有不同的排列，這是為了讓讀者有機會去思考。

遺憾地是，我們的頭腦無法在根、境、識發生作用時詳細地了別，因為自己看不到自己：眼根只能看到外境，卻看不到眼根自己；第六意識能了別法塵，卻無法認識自己。如對這方面有興趣者，可以研究現代的心理學，並且從修習禪定中吸取經驗。在修習禪定中，能將一直連續不斷的心所法（所謂的妄念）減低、放慢下來，那時就能看出它們的先後。對於心理作用的觀察，是一件很有趣的事。我們從來就沒有注意過自己的心理而任由它自由發展，一旦反觀過來看看自己的心理變化和作用時，會感到很有趣。

作意有兩種功能：一是令心未起生起，即是在心王與心所法還未生起時，作意能令它們生起；一是令心起已趣境，如心王與心所已生起，則引導它們對境起認識作用。在此，再舉我個人的經驗為例子：有一次在我午睡醒過來時，見到一個物體，但不知道那是什麼？過了好幾秒以後，才知道那是一個衣櫥。當我接觸外境的那一刹那，根和識已經與境發生了作用，但卻沒有了別作用——受、想、思。幾秒鐘後，作意才起作用，引導其他心所法去了別那個外境。等我知道那是衣櫥時，已經「想」的境界，因為第六意識對衣櫥了解的種子已生起，引起衣櫥的相，再生出「名言」。這個例子，就說明了是觸先起作用。不管如何，根識與外境接觸時，必定是觸與作意先起作用。

③受：領納、接受外境義，是於觸和作意之後生起的一個心所法。外境有三種：順境、逆境和非順非逆的捨境。受即是「領納順、違、俱非境相為性」。如當我接觸那個衣櫥，感受上是無記的，衣櫥不能分別它是順是逆。心接受外境時，產生的反應有順、逆、無記三種受。受是以起欲為業：若觸及順境時，就起樂受，如開了風扇，身根的感受是順的，身識的感受就樂；坐久了就有苦的感覺，這是身根觸到違境之故；或者是普通的感受，即不苦不樂，此是捨受。

不論苦、樂、捨都好，都含有欲的成分（欲即是執著或貪愛）。也許有人以為有樂受時，生起貪愛是當然的事。若苦受時也有貪愛，似乎不可能，其實是有可能的——那時的欲是想如何避開苦受！快樂時想更快樂，或想讓快樂一直延續下去；苦時就會感受要快快地避開它，這個想避開的念頭就是一種欲望，即一般人說的「只要快樂，不要痛苦」的欲望。學佛者在了解到世間是苦後就會想了苦，這種心境也是一種欲望，不過這欲望是好的。

總而言之，有了觸與作意以後，就會感受到外境。如果是順意的則起樂受，如有逼迫不順的則起苦受，不苦不樂的感受是捨受。據佛法來說，佛陀雖說「受」有三種（是指一般人而言），但真正說起來，只有苦受！因一切的感受，很少有順意的，即使是順境的、有愉悅感覺的，也只是很短暫性的。世間是無常，外境亦是無常，樂的感受也不會永遠不變。當樂受消失時，就會感到苦。在世間上，絕大多數時間的感受都是苦的。有時我們會處在一種不苦不樂的感受中，實際上如稍加留意，或對心所法稍有敏感，就會發覺捨受也是苦受，因煩惱在衝動時，即使力量不強，也會令人感到苦。

在日常生活裡，我們往往覺得樂受比較多，很容易忽略了苦和捨受，這種心理是可以了解。人一天的生活裡，會發現沒有什麼特別的感受：不是苦也不是樂，或不是強烈的苦和樂，這種感受不容易形容，也許是有點苦也有點樂，但因是不強烈的感受，所以印象也不深。對這種受，我們很容易忘記。如果昨天是平淡的一天，今天很容易就記不起昨天的事。我們對以前的事容易忘記，就是因為在以前的日子裡，大部分的時間是在不苦不樂中過去；比較容易記得的是苦受和樂受，它們給我們很深的印象。人都有這樣的心理——對苦有排斥性。對一切苦事會想要逃避，所以在苦過以後，就盡量去忘記它，所謂時間會沖淡一切。反之，對樂有貪愛執著，希望它一直持續著。所以，對苦我們想忘記它（畢竟人有逃避苦的心理），對樂卻想要它留下深刻的印象，因此會想到人生還有樂趣。

以佛法來說，我們應透徹了解苦與樂。對一般人來說，以上的心理也許不是一件壞事，因為若對人生不感樂趣，就可能走上自殺的路途以離開這個苦的世間。如果覺得世間還有快樂，即使他走投無路、面臨絕境，還是會想盡辦法生存下來，因為世間還值得他留戀，所以樂受仍有它的好處。但是對於學佛者，即使在很痛苦的情況下也要面對現實，因為這是無法逃避的。即使結束了生命，來世照樣會受苦（已經種下了這種因），所以不能逃避它的果，與其讓它留到來世受，不如今世安心承受。世間是苦，學佛的我們卻要以平淡的心情來接受它，並從苦中體會樂趣，這才是正確的生活方向。

④想：中國的文字構造很好，如這個「想」字是心上有相。相是種種形相，亦是想心所的自性——於境取像。此外，想心所以施設種種名言為業用。想的自性只是取像，還沒有名言的產生（用現在的話即是「概念」）。在我們接觸外境時，心裡會生起一種

相，但並沒有把它表達出來，這時只有「想」心所。有了相以後，就會給它施設種種名言來分別它，這種分別是人與人之間的一種溝通。當然這種名言只是一種習慣性，而不是固定性的。文字的產生是先在腦子裡有了一種印象，然後生起名言，才有文字。當名相還未出現在身和口前，就是「想」。總結來說，想心所與第六意識相應，是一種沒有表達出來的觀念或概念；已經表達出來的，就稱為名言。

⑤思：思的構造是「心上有田」，即說心有如田。我們的種種造作行為，即等於在心田裡種下種子。意識所想的、前五識所表現的，這些都將成為種子種在心田裡，所以思心所法即是意業。心所法與心相應時，前四種心所不會造業，只是一種對外境的認識、感受與取相作用，造業的心所是「思」。思心所法生起時，後面的心所法也隨之而起，故思心所是所有心所中力量最強的一個，它能推動心與其他的心所法造業，故它是「令心造作為性」。舉個簡單的例子：如被蚊子叮是觸塵，觸到的身體是身根，然後起身識。三者和合時有觸與作意的作用，有了這兩種作用，就會有感受，同時心生起一種想像或痛的概念，進一步會舉手把蚊子打死或驅趕，這就表示思心所已生起。如一個向來修養好的人，思心所生起時，多數是與善心所法相應，這時就會把蚊子趕走了事；如與思同起的是惡心所，就會把牠打死。因此，思心所告訴我們想心所的下一個步驟是什麼。

思在五蘊裡叫作「行蘊」，不過「行」的範圍較廣（包括心不相應行法）。思可說是「行」，但重點是在心的造作（因它有造作的力量），是內心的行為，所以與其他心所法同起時，便會起善惡的造作。前四種心所仍未能真正地分辨出善惡，則無善惡心所法會生起作用；到了想心所時，因有取相便會對善惡境有了別。有了善惡的觀念後，就會採取進一步的步驟——以較強的造作對善惡採取外應。如遭到苦受，分辨出它是惡的後，思心所可能對它採取淡然處之的態度，也可能對之採取強烈的反應。這種反應是善是惡，就要看與思心所同起的是善或是惡的心所了。如對於別人的責罵，有能淡然地對待或完全不理會的，也有起強烈、惡的反應的（表現在口或身），這就是思心所產生的作用。所以，思心所是「於善品等，役心為業」，即控制心與其他心所法起善惡業。

五遍行是任何心起作用時都存在的，如它沒有與心相應，心就沒有了別作用，故才稱它「遍行」。雖然遍行心所被分成五個，實際上它們也不一定是各別生起。它們生起的速度是短而快，分析它們是為了說明我們對外境是如何加以了別。平常這五遍行心所是同時發生，因它們之間有聯繫性；聯繫作用一起，其他的心所也會隨著起作用了。雖然五遍行心所的生起有先後，但卻不是我們所容易了解。

(2)別境

二、別境五者。一欲，二勝解，三念，四定，五慧。

「別」者，是特別或各別之義。對別境的認識，重要的是它不遍一切識：第八識全沒有；第七識只有「慧」；前五識或有或無。因與第六識相應，所以能遍一切地，但不遍一切時，這是它的特點。因它是各別緣境而有，即有特殊的外境才有別境心所法，所以這五種心所法是在特殊的環境下生起來的，故稱為「別境」。

①欲：「於所樂境，希望為性」。欲（欲望）生起時，發生在自己所喜歡的外境，並不是任何時候都有。對自己不喜歡的外境，就不會有想看或想聽的欲望。想看是因為喜歡看，想聽也是因為喜歡聽（所以，悅耳的歌聲是一般人都喜愛聽的），讓人事後有樂的感受，還會生起希求的心，這就是欲望。當然，欲的好與壞並沒有固定的範圍和標準。某些人認為好的、喜歡的，別人可能認為不好、不喜歡：如有些人對臭豆腐特別喜愛，見了它就有想吃的欲望；可是對某些人來說，見了就有想避開的念頭，因為他不喜歡這個境，就沒有想吃的欲望。

對外境（包括了色、聲、香、味、觸、法塵）的喜愛或不喜愛，與我們的習氣有關（當然與外境也有點關係）。雖然對外境的喜厭沒有一定的標準，但一般還是有著某種程度的標準：如悅音，是眾人所公認好聽的聲音，噪音則公認為不好聽，這是大部分人的標準（個人的喜好當然是沒有固定的標準）。當欲望心所生起時，就會有勤依的業用：一個人對某種外境有了「希望」，就會希望那種境持久；學生對某種課程用功，是因為他對這個課程有興趣，這個欲望便會使他自動地用功起來。勤的作用依欲望而有，有欲望才會有追求，沒有欲望就不會追求。

欲心所法不屬善，亦不屬惡。若與貪心所同起，則是貪欲。《三十七道品》中的「四如意足」裡，有「欲如意足」，這是善欲。又，如對佛法有信心，佛法成為我們所喜歡的境後，就會精進去追求，這種精進的欲是屬於善的。所以，別境心所法就與前面的遍行心所法一樣，不能說它是善是惡，而必須從隨它而起的心所是善或是煩惱心所來決定它的善惡。欲的情形也是這樣。可以肯定的是，只有在有「欲」的情況下，才會精進地追求，以達到欲的「希望」。懶惰的人，可能是他還沒有真正找到他喜歡的；如果他找到了，就不再懶惰，會想盡辦法得到它，這是欲的一種作用。

②勝解：「於決定境，印持為性」，即對外境有殊勝、強烈的了解，這種情形是在已經決定了、不再懷疑的外境上生起。所謂決定的外境，有幾種情況：對青色的分別，已經決定為青色而不是其他的顏色，不再猶豫，於是產生印持作用；對某種學說，已經承受而不再懷疑。如對佛學已有一些了解，也會有勝解的作用，這時對佛法的信心很強。但是，如果在學了一段時間後，發覺其中的理論還有不圓滿處，即表示勝解沒有了；如再進一步去探討，懷疑解決了，勝解心所又會再生起來。總而言之，對某種境已經沒有懷疑、能夠接受，且有印可堅持心理的就是勝解。

我們對四聖諦的了解，如果是普通的了解，就只有普通的勝解。但當你發現為何佛陀要說人生是苦時，若再深入研究而知道所謂的苦即是「諸行無常」時，你的了解又跨進一步、加深了一層，並且沒有了懷疑，這即是勝解。這時你的心對這個理論已經印可，就會對這種理論產生堅持作用，當與別人論及時，一定會毫不猶豫地肯定自己所了解的是對的。但勝解並不是常常生起，只要內心有一點懷疑，勝解心所就不存在；反過來說，只要懷疑心沒有，勝解心就能生起。如對我的講解，如果是明白、接受，就有勝解；如果對我的解說有懷疑，不能決定它的對和錯，或不明白，或認為我所說的不夠圓滿，就沒有勝解心所。

有了勝解的心所法，因為能印可堅持，所以有不可引轉的業用。一個學佛的人，如對佛學已經有了勝解、對佛陀有信心，又能堅持這種信心時，無論異教如何地引誘、如何地企圖改變自己，都不會為之所動。這時的信心不會退失，因為對佛法已有了勝解。一個會退失信心、會改變信仰的人，即表示他對自己所信仰的宗教沒有勝解，內心仍抱著懷疑的態度。

寫文章的人，如果是他有懷疑的部分，他就不敢寫出來，因為這些都不是他能夠了解的；會寫出來的，大多數是表達自己所勝解的文字，可能以後會對以前所寫的不滿意，但至少在寫的當時，是有決定性的。勝解是會進步的，絕對不會停留在一個程度上。我們應知道：在懷疑與猶豫的時候，是沒有勝解，所以說勝解不遍一切心。又，勝解可說是好，也可說是壞。如對邪說有了決定的勝解，這個就不是好的；如對正的學說有勝解，當然是屬於好的。所以，我們不能肯定勝解的善惡。

③念：「於曾習境，令心明記不忘為性」。假如用現在的話說，念即是記憶力。念的生起，一定要有曾經歷過的境，即使是幻想，也不會是完全沒有根據，它亦是腦子裡曾有過這種印象所致。有了念，對外境的認識會慢慢地加深：如經常念一部經典，念久了，印象慢慢累積起來，就不容易忘記；經常用回憶的方式來憶記所學的學問，也會加深所學（習境）的印象。念亦是經驗的來源，假如沒有念也就沒有經驗了。念是由過去的心和過去的心所法取了外境後，熏習成為一種習氣留在本識中，當回憶起來或說念心所法生起來時，這種習境又會再度生起。

我們的作善作惡不是一時能演變出來，它一定是經過一段長時間的累積，才使事情發生或鬧大。佛陀很注重這個「念」，他要我們時常保持正念。如果沒有正念，反讓邪念、惡念或妄念經常與心相應，便會很容易犯錯；如經常讓正念生起，念頭純正，惡念等就不會生起，也就不容易造業。造業不是突然可以做到的：如殺人，並不是突然拿了刀就把他殺死，若你的內心並沒有這種經驗，是不敢做的。

假如你經常讓瞋恨心生起來，經常想著殺人，這個念頭便會慢慢地培養起來。開始時做些小的殺業，如殺老鼠、貓、狗之類，漸漸就殺起人來了。惡業的累積是這樣，善業的累積也是如此，一下子叫你行善不容易，尤其是需要犧牲自己、完成別人的大善事。所以，要經常保有善的念頭，到真的有境界發生時，內心就會有種很強的力量推動去行善。

要保持正念，就要念佛、念法、念僧、念施、念戒和念天，即所謂的六念法。佛陀常常要弟子這樣做：如果是持戒，就要經常念戒。念戒是為了讓自己時時記得已經受戒了，這就比較容易避免犯戒。早期的僧團和現在南傳佛教的僧團，都有半月誦戒的儀式，誦戒時會讓自己記得已經受了戒，不能違犯。又如經常念佛是因為佛是完善的，讓腦子裡常生起完善的念頭，就不易使惡念生起；若善念不起，惡念就會來代替。我們的腦子時時刻刻都有念頭，除了睡覺（睡時若有夢，這夢也是一種念頭、一種心所法的作用）。所以，要經常使心與善念相應，如此就會減少造惡業的機會。

念的重要作用是「定依為業」，有念才有定。修定時，必須專注一境，而這個境一定是自己所熟悉的。如果這個境自己並不熟悉，定力就生不起來。修禪定時，多數是採取最簡單的方法，如數息。如果連數一至十的念都無法生起，哪有可能得到定呢？念即是一種經驗的境界，有了這種經驗才容易得到定。佛陀說四念處時，說了四種觀想的方法。其中說不淨觀時，佛陀常要弟子到墳墓去，因為在墳場才有機會見到不淨的情形；

如果見不著不淨的情形，不淨的念就生不起來。

假如時常看見屍體，對它的印象深，當在作不淨觀時，就以屍體為觀不淨的對象，定很容易就會生起。假如從未見過屍體，也從未見過其他的不淨物而修不淨觀，定不容易生起，甚至是不會生起。所以，修定所用的方法，必定是自己所熟悉的。我們常用數息或念佛觀來修定，因為內心對這些比較熟悉。時常念佛的人，雖然並沒有特意修定，但念久了自然會得到一心不亂，因為這個念，本來就是定所依的。只要念得專注，讓整個精神都灌注在一個念上，定自然生起。

別境的心所法本來並沒有固定為善或惡的，但別境的念、定、慧三種心所法，則較固定在善的方面，因為如果有不正的念頭，很難生起定（定心所法多數是與善心所法相應）。雖然外道所修的是不正定（實際上也不是完全不善，也有善的部分），但因為定是一種比較高的、上進的境界，它多數是與善心所法同起，除非是在得到定後，又與貪心相應，這時定很可能會消失。如我們所知的提婆達多，他曾學定得到神通，可是當他生起貪心想得到阿闍世王的名聞利養時，定力就消失了。由此可知，如果沒有時常保持正念，定是會消失的。所以，念、定、慧是較屬於善的部分（尤其是定與慧），雖然它們有時也與惡心所法同起，但到了那個時刻，定、慧就會失去了。

④定：「於所觀境，令心專注不散為性」。這裡的專注與平常所講的專注不一樣，

平常用功時的專注與定的專注相差很遠，也許它勉強也算是一種定，卻非常薄弱和輕微。佛教說的定，並不是這樣。定的心所法是真正地全神專注，不管外境如何轉變它也不會轉移。如修數息觀時，若能念到所有的數目不間斷，明明白白地全神專注在所念的數目上，這時勉強可說是上了軌道，但離得定還遠；與此同時，如能忘掉所有外境，不管外境發生什麼都不會受影響，那時可算進入初步的定；最後連數目也忘了，達到一心不亂；再上去到達無念的境界時，才是真正的定。定是非專注不可，如缺乏專注，外境對你仍有影響、仍有左右的能力，即表示還未得定。實際上，要得定並不容易，有些人修學了數十年也無法得到。

修習時可能出現短時期的定：偶爾會有一、兩秒鐘或久一點的時間，會完全忘記外在的一切，感覺到內心專注於一境，這時也算是一種定，但只是短時期的。我們用功時，如果有機會得到這樣的境界是好的；若能繼續維持它，當然更好。修定的一個非常重要的部分是專注不散，如內心有了散亂（有其他心所法生起來），欲緣外境，就不是定。定有專注的力量，可以使心依心所生其所緣，寂然不動，即協助我們依所緣的境，使心達到不動的境界。當然，這不是平常所講的虛妄境界，也不是睡覺的境界，因為在定中，精神是專注不散，是清清楚楚且有輕安的感受。如果是昏沉、打瞌睡，心則是沉重的、糊糊塗塗的。雖然兩者看起來似乎相同，其實是完全不一樣。

有了定境，接下來就是「智依為業」。有了定，明智或智慧才會生起；如果沒有定，智慧無法生起來，因為散亂的心是沒有智慧的。實際上，現在我們所得到的只是普通的知識，不是真正的智慧。智慧應是從內心生出來，必須有定才能得到。一個沒有修定的人難有智慧，也許他可以對外在的知識有很多的了解，如科學家能發明很多新的產品，但這些只是屬於聰明。他們拿了前人的一些智慧，從前人的知識加上自己的思考而有所發明。佛教的智慧，必須是從內心生出來，而科學所給予我們的只是外在的知識或物質。佛教所講的智慧，是指心靈上高度的發展，也是屬於精神上的了別判斷，一定要通過定才能有慧。

作禪定的工夫時，一定要有一個觀想的境界，而這個境界必須是我們很熟悉的，所以說念為定的所依。假如所觀的境不是我們所熟悉，甚至不知道有這種境界，根本沒有辦法作觀想的工夫；若不能觀想或觀察，就無法得到專注不散的境界。定境往往與善相應，如果一個人能入定，即使所入的定並不是很高的境界（如欲界定），這個人的境界在某種程度上也比一般人高。修定所觀的境，在佛教裡有四念處觀、四諦觀、緣起觀、數息觀、不淨觀等。若能讓心在某種境界起觀想，達到一心不亂，這時即是所謂的「定」。

定最主要的作用就是使心靜止不散亂，到了這種境界就容易發慧，當然這裡指的是佛教的智慧，與別境裡的慧有點不一樣（別境的慧是無記性），因定是以發慧為業用。所以，如果我們所修的定是屬於佛教的定，所發的慧即屬於善的。

⑤慧：「於所觀境，揀擇為性」。慧與定一樣都有所觀境，所觀境即對某一件事物或事理加以觀察。別境心所生起時必須有一定的境界：「欲」要有所樂境，「勝解」要有決定境，「念」要有曾習境，「定」及「慧」要有所觀境。所以，它們都是有各別的境界，並非隨時發生，這也是別境與遍行最大的不同點。

慧於所觀境，有揀擇性，這是它與定不一樣的地方。定對所觀境並沒有加以揀擇，只是讓心專注在所觀的境上，而慧是對所觀的境生起揀擇的作用並加以揣度。如作不淨觀時，就觀察不淨的境界，然後慢慢地推想（有些境界不是一下子就能觀察到，所以需要推想）。若對某種境界已經見過了，或對某種事理已有了某一方面的了解，但沒有明確的印象或了解時，就需要有推度的力量，直到確定有明確的觀念（不是模糊的印象）。

若我們對一種道理的了解似是似非、模棱兩可，就是沒有明確的觀念。如觀心無常，理論上知道心是無常後，就真正地去觀察它為什麼是無常：首先用定的工夫讓心平靜下來，然後觀察心（即用一個大妄想來看許多的小妄想），就會發現心沒有一個時候是停下來的，幾乎每一剎那它都不一樣，所以說：「過去心不可得，現在心不可得，未來心不可得。」實際上，過去已經過去了，未來還未到來，所以並沒有一個時刻是屬於現在，每一剎那都在改變中。假如能這樣明確的觀察，就會發覺觀心無常是非常的正確。如果定力夠，甚至可以看到每一個念頭在改變的現象。這種現象不容易觀察也不容易表達，不過用心看是有可能看到，那時對觀心無常就能產生明確的觀念，這就叫作慧（屬於比量智，因為這種慧必須經過思考和推度）。如果對所觀境不加推度與揀擇，觀念就不會很明確。

聽講或看書是屬於聞慧，在這當兒若不用思考推測，所得到的概念就會很模糊，所以聞慧其實是很膚淺，必須要進一步思惟其中義理。通過思考所發的智慧則比較明確，因為它經過比量。而聽聞的時候也不是用現量來聽，否則就無法知道講者在說什麼了。我曾舉了一個女孩的例子：她聽課時無法思考，因為當時她用的是現量，只能聽清楚所講的聲音，卻沒有法子分別它的意義。不過每個人在聽的時候，多少有一點了別或揀擇作用，這就是聞慧和思慧。若在聽過後，把這種正確的觀念用在日常生活裡，即是修慧了。

依佛法來說，修慧是經過修定而發出的智慧，在三慧裡是較深的一種，與前面所說的定有很大、很密切的關係，它們是不能分開的。要真正得到修慧必須要修定，沒有經過修定的智慧是很散漫的，如對一般的聽講有一些了解卻沒有明確的概念（即使是加以思考，但因念頭雜、妄念多，思考時往往被妄念左右）。若讓心平靜下來，然後再觀察，就能得到所謂的修慧。這是屬於善的，因為是對正當的義理用了正當的抉擇。

可是有時慧也會與染慧一同生起，這是因為所觀境有了問題。佛法的聞、思、修三慧是正的，如所觀的是無常、苦、空的正理，所得的智慧就一定是正的；反之，若所聽或所觀的是錯誤，如外道觀有「我」而接受了「我」的觀念，便會對世界生起常、樂、我、淨四種顛倒的見解。「我」即有主宰之義，有主宰自己、制裁別人的權力。有了這些觀念，又對這些境加以思考，所得的慧即是顛倒的，也是屬於煩惱心所法裡的惡見或邪見。由此可知，揀擇時所起的見解若是不正確，所得的結果也將不正確。

佛陀為了使眾生除去顛倒，所以教令修習四念處。四念處的修習非常重要，佛陀在世時指導弟子四念處的觀法，佛陀滅後仍要弟子依四念處安住，因依四念處住時，世間的見解就能正確。一個人不論是修習佛法或為人處世，最重要的即是正見。如果沒有正見，縱使有很多的知識、很高的學問，也是危險，因為所行所為顛倒了。見解是引導我們走路的眼目，沒有正見，所走的路就會變成邪道，所以佛陀很強調正見。

八正道裡第一個就是正見——四念處的觀察，使我們知道世間是無常、不淨、苦、無我的；如果能把心安住在這四種念，心也就能安住在佛法了。《三十七道品》的開始，也是作四念處觀。有了四念處，觀念或見解才能正確，若再繼續修持下去，一切都會走向正道。如果正見還未建立起來，以後的修持可能會走上正道，也可能會走上邪道，可見念的重要。

依正念（四念處）而行，可得正定，進而得到正慧，這三者的關係非常密切。有了這樣的觀念，以後不論做什麼事，正慧都會幫助抉擇。如果那些觀念不正確，正慧就不會使我們隨它而去；如果是正確的，才拿來實行。經過兩千多年流傳的佛法，不可能確保它完全沒改變，其中可能會加進祖師們的見解或邪師的邪說，於此正慧就顯得重要了。

我們要把握佛法的緣起法、四聖諦、三法印等中心點，這些是絕對沒有改變的，只是後人對這些義理的解釋與分別，可能摻雜些不正確的觀念或外道的思想在內。如後來發展出來的密宗，裡面就有許多是婆羅門的思想，尤其是咒語及儀軌，有著更多摻雜。因此，若沒有正見，很容易就會被誘惑；有了正見，就能以正確的智慧辨別出邪正。

慧心所法，以「斷疑為業」。雖然懷疑在心所法中被列入煩惱心所法之一，但懷疑有時也是好的。如對不正確的道理或某種並不完全了解的義理產生懷疑，再通過慧對所觀察的境起揀擇作用，從而得到決定性的觀念（勝解），這種能使得從勝解產生勝慧的懷疑當然是好的。

(3)善心所法

三、善十一者。一信，二精進，三慚，四愧，五無貪，六無瞋，七無癡，八輕安，九不放逸，十行捨，十一不害。

善性是離穢的，這可從兩方面來看：從人與人之間的空間方面來說，是對己對人都有好處；從時間上來看，無論是過去、現在或未來都有益。凡夫多求時間上的好處，即是現在世行善就是為了未來世得到善報。沒有一件事是完全利他而不自利的，如菩薩雖然以利他為主，也有自利的成分在內。有時說犧牲自己、成全他人，但所謂的犧牲也只是現在這一時刻，以後自己將會得到無限量且不可思議的功德。所以，實際上利益別人即是利益自己。

不過，利益自己卻不一定利益別人，甚至於只想到自己的利益而損害別人，這就不屬於善，因為為了自利而損害別人，以後會招感苦果。換句話說，目前短暫的自利也只是損害自己的前奏，所以說善或說利，不能站在狹窄的立場上談，必須站在自他與現在、未來的立場上來談。從遠處來看，儒家說一個懂得自愛的人，一定也懂得愛別人；假如是一個損害別人的人，即表示他沒有自愛。因此，從時間上的連續性來看，善的範圍是廣且遠的。

①信：信是屬於清淨心，有清淨心才會生起信心，汙濁的心是沒有信心的，所以

說信是「心淨為性」。從佛教的立場來講，信必須與佛法相應；與佛法不能相應時，信心就生不起來。一個人若能真正得到信心，便不容易退心，這是學佛必須通過的第一關。許多學佛數十年、甚至是出家的人，對佛法仍沒有足夠的信心。從修學佛法的層次來講，有十信、十住、十行、十迴向、十地等位，然後才成佛。所以，必須修完十信位才能使信心不退而再提昇。從菩薩修行到成佛的時間上說，必須經過三大阿僧祇劫的修行，而我們現在所修所為的並不包括在內，直到信心不退的位次，才是三大阿僧祇劫的開始。

聖嚴法師曾說：「從禪宗的立場來說，不管是過去世、現在世或未來世，必須得到第一次開悟的經驗，才是踏入信心不退的境界。一個已經開悟過的人，信心不會再退，他的所修、所行、所為都是向著菩薩道走去，也即意謂著此是修行成佛之三大阿僧祇劫的開始。」我們現在還在信心位修行，所以信心還不夠，只有在修學層次上達到十信位完滿，即踏入初住位時，信心才具足。得到信心不退後，不管將來輪迴到哪一道都不會忘記佛法；即使因煩惱造惡業而墮落惡道，一旦脫離惡道，自然而然地又會回歸到佛法裡去。所以，學佛最重要的即是得到信心不退，這樣就不必再擔心了。

信心最主要的是深忍，即對佛與佛說的法是絕對的相信，這是學佛者至少要達到的境界。當然，我們不能做到每一個剎那都與佛法相應，至少每天都能與佛法相應。有一些人對佛法的信心只是仰信，他對佛法並沒有多大的了解，但卻崇拜佛陀；另一些人是對佛法有了解後，才生起信心，此即是理信或智信；若再進一步從修行中得到了解，即是正信，到了正信的境界就不會再退心了。

一個對佛法有信心、盡形壽皈依的人，很有可能在未來歲月裡改變他的信心，因為即使是真正盡形壽皈依的人，也不容易做到每一天都與佛法相應，簡單地說，在睡覺或做夢時就已經忘記佛法了。如果在夢中還有佛法的存在，即表示他的信心已經相當堅定，佛法在第六意識裡的印象已經相當深刻了。對於佛法，若要做到連夢中都有把握，甚至是來世時也能有把握，在平時以及臨命終時，我們的心就一定要不顛倒，即是沒有忘記佛法或如來的話，如此來世絕對有機會再學佛，否則就很難講了。不過一般還是有機會，因為這一世已經在第八識的心田裡種下了學佛的種子，下一世不管流轉到哪一道，始終還會回到佛陀的懷抱。所以，學佛以後不必怕輪迴，總有一天會輪回來了就不再輪出去。

對佛陀的認識，也是建立信心的方法之一。對佛陀有愈深入的認識，信心就愈不會退失，因為是看到了一位很了不起的人而自然地生起恭敬心和學習之心。若已對佛、法、僧三寶的功德能夠忍受（即深深地接受），信心自然會加強。若要培養信心，則須多研究佛法。在我們還沒有能力自行閱讀佛經時，就得靠別人的講解，但別人的講解可能會摻雜了雜念或錯誤的觀念，只有通過自己的研究，才能得到清淨的信心。

《華嚴經》有句話說：「信為道源功德母，長養一切諸善根。」信心是菩提道的源頭、修行的根本，所有的功德都是從信心之母生起，一切諸善根也是從信心中長養。所以，善心所法一開始就強調信心。《大智度論》也說：「佛法大海，信為能入，智為能度。」有了信心還要有智慧，否則所信的就不是正信、理信或智信，可能只是仰信或是迷信。經過智慧的辨別，然後才起信，便是智信，而且信、智要配合才有可能真正地了解佛法。在佛世時，佛陀並沒有強調信，反而要弟子們起疑問，因為他不想弟子們盲目地接受他所說的。從疑問裡發現真理會使信心更堅強，這就是為什麼在佛世時，佛弟子們對佛陀的信心那麼堅強。由於現代人的根機較弱，且離佛世已遠，無法親近佛陀而得到信心，也就無法做到這點。

我們需要先強調信心，不論是通過迷信或仰信都好，然後才進一步產生疑信，以得到理信或智信，最後再通過修行來體驗佛法，以得到正信。許多人是先有信心，然後才研究佛法；也有些人是先研究佛法，然後才起信心。所以，有人認為信、解、行、證四步驟應該是解行信證或解行證信。我們稱後一種人為「智行人」，最前的一種是「信行人」（而大多數都屬於這一類），然而這四個步驟不必使它固定性。不論是先通過信心或先通過理解，一樣都必須培養起信心；有了信心，內心才能清淨地接受佛法。若以不淨心來接受佛法，佛法也將變成不淨，這是信心的重要性。

對於淨土宗的行者來說，必須先有信心，然後才發願修行，否則就沒有後面的兩種資糧，可知信心在佛法裡的重要，故往往都把它放在前面。善心所法也是這樣，要有後面十種善心所法生起來，就先要培養起信心；只要有信心，內心總是清淨。如對佛陀有崇拜的心，就能對佛陀說的話以信心來接受。若無信心，不管別人把佛法說得如何好，也不管佛陀如何地偉大，也是無法接受。不但佛教如此，其他宗教也很強調信心，不過有些宗教的信心是沒有智慧的，只是迷信或仰信。

信心能「對治不信，樂善為業」。由於對真理有信心，所以喜歡行善；對真理的信心愈強，行善的力量也愈強。由此便可知為何菩薩在行菩薩道時，可以做出許多我們無法想像、做不到的事，因為我們的信心不夠；如果信心夠，就一定會去做。以世間法來說，若對某種學問沒有信心，自然地就不會去研究它，即使是逼不得已去讀也是勉強的。由此可見，唯有具備了某種程度的信心，我們才會真正生起歡喜心去作研究；當信心愈強時，研究的興趣相對地也就會愈大。因此，不論是學佛的、信仰其他宗教的、或作學問的都好，信心是很重要的；沒有信心（當然是著重在正信），則不容易引導我們向善。

信是有對象的，如淨土宗的行者，要信有西方極樂世界、信阿彌陀佛及信佛曾經發過接引眾生的願。就整個佛法而非針對某一宗派來說，佛法所說的信，主要是從三方面來談：

a.信實：「實」者實有，即信有諸法事理，亦即真理。真理有世間真理與出世間真理，或稱有為法與無為法。佛法是一種真理，它告訴我們宇宙的真理，同時也告訴我們人生的真理。這些真理都是實實在在，並不是虛構的。對這樣的真理，我們應該相信。

b.信德：「德」者有德，即信有清淨功德者，此指的便是佛陀。佛陀的功德是圓滿與清淨的，我們要相信佛陀的確是這樣的一個聖人。自古以來（當然現代也有），那些很有修養的僧寶，也具有真正的、清淨的功德，所以也一樣值得我們相信。有德往往是針對人而講，這包括了佛寶和僧寶，而法寶是應「信實」的理論。信實有、信有德即是相信三寶。對三寶有信心就有深忍，能夠接受；也因相信而起歡喜心，就能與三寶相應，與此同時又能增強信心，這是一種因果循環。當信心成了心靈上的寄託時，無論遇到什麼變故，都能平靜地接受，因為佛、法、僧是清淨的（不淨的是世間法）。所以，只要我們深信三寶，人為的錯誤便不足以令我們退心。

c.信能：「能」者有能。信自己有能力修習善法，不論那是世間善法或出世間善法，一樣有能力修學。前面提到我們要相信三寶，現在要相信自己也能做到與三寶一樣清淨、一樣的功德圓滿。一個學佛者若無這個信心，就很難學得好。許多人有自卑感，而自卑的人可能不會起驕傲心（因為看到自己的缺點），但過分的自卑本身就是缺點，使人完全抬不起頭來。當然我們不能自滿，但也不要自卑（相信自己有能力就不會自卑），因為佛、法、僧的偉大與清淨是我們也能做到的。有了這樣的信心才會去實行，這是一種自信。東方的聖人都很強調這一點，都鼓勵人要有自信，這是東方特有的；而西方的宗教卻不如此強調，認為只要信上帝就夠了，這是東、西方宗教最大的不同點。當然我們也需要信仰外在的佛，但這只是為了啟發自信的方便。

②慚、③愧：慚愧即是羞恥心。羞恥心是人最重要的心，因為人與禽獸不一樣的地方就在這裡。一個沒有羞恥心的人，就與禽獸相差不遠了。慚愧心重者會向上，因為他羞於自己比不上別人，所以力求上進，向別人看齊。慚、愧二字經常是匯合起來講。慚、愧同是指羞恥心，它們最主要的作用即是止息惡行，只要有慚愧心就不會造惡，作惡的人即表示他們沒有慚愧心。他所以會造惡，是由於那一時刻他沒有慚愧心，所以那一刻他與禽獸差不多；但是過了那一刻，慚愧再生起來時，他又是一個人了。

人有自尊心，所謂自尊心即是值得自己尊重的，而我們有什麼值得自己尊重的呢？念頭裡盡是妄念、雜念、邪念、惡念；口裡全是妄語、惡口、綺語；行為都是令人搖頭的，哪有可以尊重的？由此可知，平時我們所說的自尊，其實就是我慢。有了我慢的心理，當別人稍微侵犯自己時，就會受不了。其實，人是有自尊心的，而這自尊心即建立在慚愧心上。唯有在了解慚愧心的意義，同時具有慚愧心的時候，才有自尊心的存在。因為有了慚愧心後，才懂得尊重自己、提昇自己的人格，在這種情況下，就不會造惡業了。

實際上，從佛法對心理學（心所法）的觀察，慚愧可分成兩個意思來談：慚：「依自法力，崇重賢善為性」。依自己的力量，加上佛法的力量，就會尊重自己。當一個人自力增上時，他可以拍拍胸膛大言不慚地說：像我這樣的人，應該做錯事嗎？只有自己尊重自己，別人才會尊重你；別人侮辱你，是因為你自己沒有尊重自己！真正有自尊的人，別人絕不會看不起你，因為你的自尊表現出來的是一種正直之氣。慚最大的力量即是止息惡行，所以經常警惕自己，讓慚心生起，就能制止很多的惡業。

慚是依靠自己的力量而發，所以慚是指個人方面的事。有時依自力很不可靠，因為人的我見太深，有時會變成傲慢，因此其中還要依法力的增上——從佛法中了解真理，依真理來分辨善惡。從自力與法力中，在我們崇敬、尊重賢善之人時，同時也即是在尊敬自己，因為當我們崇敬他們時，就會以他們的德行做為自己的模範。當對一個人愈有崇敬心，就會愈想學他，此即所謂的「見賢思齊」——見到賢人君子，就希望自己與他一樣。周公是一位很偉大的人，他扶助其兄弟把周朝治理得很好，又整理禮制，孔子對他非常尊敬，經常想學習他。後來的儒家弟子，又盡量想學習孔子，因為他們也覺得孔子很偉大，是一位聖人。

學佛者名為學佛，即要學習佛陀的行為，這就是依正法的力量以止息惡行，如此即能自尊自重。學佛即是要盡量使自己的行為與佛陀的行為一樣，佛陀最喜歡幫助別人，我們也應該學習幫助別人；佛陀經常修習禪定，制心一處令不散亂，我們也應該修習禪定。念佛即不忘記佛，靠自己的力量，加上善法的力量，使自己尊重自己。

愧：「依世間力，輕拒暴惡為性」。因為世間法的不允許，所以人不能造惡業，如國家的法律、別人的批評，對這些不在乎的話，即沒有愧心。若在別人的批評下，能反省自己到底有沒有做錯，有錯則改過，這即是愧心。

善法有世間與出世間兩種。聽聞正法是為了得到出世間的善法，同時也應該遵守世間的善法，不能因為有了出世間善法即完全放棄世間善法，因為出世間善法是建立在世間的善法上。外來的力量若能使人羞恥、自尊自重而不造惡業，即是愧心。慚與愧最重要的是可以止息惡行，若能止息惡行即能向上向善，這是必然的。有慚心便能崇重賢善，有愧心則能輕拒暴惡、排斥暴力、拒絕惡事，因為不喜歡別人對自己採取不好的眼光。所以，慚愧可以來自自己的力量，包括法的力量，也可以來自外來的力量。

從戒律中，可看出佛陀非常注重慚心與愧心。戒律裡有一部分是屬於慚心（戒即是慚心），如殺生、偷盜等性戒，本來就是不可以做的，所以更不應該去做。這是自己應該了解而制止的，故是自力的。另有一部分戒律，卻是由於當時有許多其他的宗教家是如此制定，所以佛陀也要其弟子如此，如持午，即是當時印度宗教界裡所盛行的「日中一食」。其他如不戴香華鬘等，即因為如果一個出家人打扮得太漂亮，會引起別人的議論，為了避嫌所以要制止。對世間人來說，打扮不是壞事，但對出家人來說就不是好事了，出家人是更應該慚愧於心。另有一些事情，戒律裡沒有談及，如行為要端正是為了不讓世人講閒話，所以也應該這樣做，這即是愧心了。

有關慚、愧兩種心所法的差別解說，可參考以下的解釋：

名＼釋	小乘	大乘	儒
慚	慚自	崇善	恥
愧	愧他	拒惡	

④無貪、⑤無瞋、⑥無癡：此三種心所被稱為三種善根。根者生長之根本，有了根才有枝葉。三善根者，即所有的善法都從這三種根生起來，離開了這三種根，就沒有了

行善的力量；相反的，若無貪、無瞋和無癡變成貪、瞋、癡時，即是三惡根了，一切惡行也都建立於此。實際上，三善根與三惡根都包含在我們的內心，不過據了解，三惡根稍微有力，所以我們較易造惡業。惡根生起時能打敗善根，善根生起時也能對治惡根，所以善惡都只在一念之間。當面對外境而心所法即將生起時，就要看自己內心較強的力量是善還是惡了。三善根之體是無為法，假如真能證得三善根，即是證得無為法了。

總而言之，不管是初步的修學或是要證得很高的境界，都離不開三種善根。在修學的過程裡，如果我們把三善根發揮到最高的境界，即能斷除貪、瞋、癡。反之，如果讓心在這境界裡與貪、瞋、癡相應，得到的即是相反的效果；而當它們發揮至最高處時，也可能即是墮落得最厲害的時候（地獄心所法的生起），這是我們要多加注意的。

無貪：「於有、有具，無著為性」。「有」指三有（界），即欲有、色有與無色有。這三者是我們能感覺到、看到的，與十二因緣裡的「有」是一樣的，代表有業。

我們所見到的世間是業所形成的。當自己的業力加上其他眾生共同的業力時，便形成了三有：同是造作人業的眾生聚居一起形成一個人的界，加上其他眾生界以及一部分天，即形成了「欲有」；同是修色定的聚居色界，形成「色有」；同是修無色定者，得到空定，那是「無色有」，此有雖說無色，實是有的，因仍有業力的關係，還在世間的範圍內。總之，「有」是指世間，而世間包括個人的正報和依之而住的依報。三有都有正、依二報：如欲界，人類的正報是身體，依報即是地球、山河大地及一切所用的器具。

「有具」者，即受生之因。為何會有「有」？從十二因緣裡可知「有」是因為取，取因為愛，愛即是煩惱。當然，此處的「有具」是指比較容易表達的那一部分。實際上，「有具」是統指在世間生存的原因，而這個原因即是惑——煩惱。「有」是指業，「有具」是指惑；前者是果，後者是因。阿羅漢與一切眾生同樣生活在一個世界，但為何他們不造業、不再輪迴生死？即是因為無業的造作，無造作因就無煩惱，故可知輪迴之本是在煩惱。因此，要斷的是煩惱而不是業，斷了煩惱，業自然消失。如果我們對業力及所感受到的果報（三界）不執著（無貪的境界），就不會再輪迴，會輪迴是因為有執著。

無執著的境界非一般人所能想像，我們一向都生活在執著裡，要達到這種境界，就需要修行。平時我們也有可能達到無貪的境界，不過那是很微弱的。當我們面對某件事物的誘惑時，若能自我克制不起貪心，那個時候即對外在的環境沒有執著，甚至有時還會生起厭離心，不喜歡世間而願離開它，這時生起的也是無貪的心所。如在路邊發現了一張面額不小的鈔票時，內心頓時就有貪與不貪的心所生起，往往這兩個心所會發生交戰。當心與貪相應時，你會決定去拿起那張鈔票；若心與不貪相應時，即使拿了也會想法子歸還原主或拿去作布施。所以，貪與無貪只是一念之差而已。

在外境的誘惑下能不被動搖而不執著，那是由於在我們的內心本來就有這種善的心所法。無貪最主要的部分在「無著」，不管是對業或是惑，只要是「無著」即是無貪。無貪的作用即對治貪，當無貪心所法生起時，就能驅走貪的心所法；但若貪念一起，無貪這善心所就要消失了。所以，只有在無貪的心所法下，我們才能行善，否則即是在造惡了。

無瞋：「於苦、苦具，無恚為性」。「苦」指三苦，把它延伸即有八苦。「苦具」是生起苦的因緣，也即是煩惱。若從感受上說，「有」是屬於樂受，「苦」屬於苦受。對於樂受容易起貪心，對於苦受則易起瞋心。對「苦」與「苦具」沒有瞋恚、苦惱或難受的心理，這即是無瞋。

瞋恚不單指發脾氣，凡對外境有難受的感覺，這往往即是瞋恚心的一種表現。瞋的範圍很廣，在日常生活中，瞋心都會有意無意地生起來，有時表現得較強烈，有時表現較弱（只在內心打轉），不過都同樣會讓人感到內心似有一把火在燃燒。一般我們對苦都有排拒的心理（而事實上又不容易排拒），這即是厭憎會苦；愛別離時是苦，求不得時也是苦。若能對這些苦及引起苦的煩惱（指瞋心）不會惱怒，且不管外境發生什麼，內心都不會隨之轉動，這即是無瞋。假若一個人能無貪且無瞋，內心就是真正的平靜了。

凡對佛法稍有修學者即可以發現，只要外境一動，內心就會跟著動，因為無論是對事物的執著或感到瞋恚時，都有強烈的衝動力。這時如能把因衝動而轉的心停止下來，即是無貪與無瞋。這兩種心所同樣可被稱為忍——忍受順境與逆境。忍受逆境還比較容易，但要忍受順境就不易了。好的名譽來了，要心不起貪著恐怕並不容易，而人往往都是倒在順境裡。稍有修養的人，大多數能克制逆境，但對順境就不容易辦到。

佛陀也曾被人罵及批評，但他不會生氣，經典中都說當時的他還能面帶微笑。經中也記載著許多天人常以偈頌和讚歌稱讚佛陀，但佛陀也一樣不會因此而歡喜，所以他是了不起的。對於別人的汙辱或稱讚都不能動搖的佛陀，我們可能會認為他看起來像石頭、毫無感情，其實這是因為他的感情已經理智化、昇華到最高的境界了，所以表現出來的即是沒有貪、瞋、癡的慈悲精神。因此，他能忍受一切加諸於他的順境或逆境，這兩者對他來說都沒有分別與作用。所以，當我們面對違情之緣時，要學習佛陀不惱怒也不起瞋心，這對我們處世有很大的幫助，因為無瞋是以作善為業，且會讓人有親切的感覺。

無癡：「於諸事理，明解為性」。要達到無貪與無瞋，就必須先要能無癡。若有癡心在，貪與瞋必然就會生起來。所以，無貪、無瞋與無癡這三種根雖同被稱為根，卻以無癡為最深、最根本。我們要認識無癡，也唯有做到無癡才能達到無貪與無瞋的境界。無癡是對種種的事理有明解，是事理無礙的境界。對世間一般事物的差別相，我們都能理解，如能分辨出桌椅與花草，這是事無礙（小孩對事物就沒有分辨能力）。但因世間的萬事萬物太多了，要完全通達了解並不可能，所以我們對事仍有礙。對理論上的理解也是一樣，不能完全通達，因此對理也有礙。若對佛法上的理論通達了解，就能達到理無礙，不過這還不是無癡的心。

一些學者可通過文字對佛理有深入的了解，但這種理無礙沒有實用，只是理論上的無礙而已。我們需要事理皆無礙，也即是說事與理間能通達而無障礙；換言之，不管理論上通達了多少，都能表現在日常生活裡，能事與理融會一起時，才是真正的事理無礙。我們往往在理論上有很深的理解，但要用在日常生活中卻沒有法子做到。雖明知貪瞋的壞處，但面臨外境時要做到無貪瞋又實在是太困難了！這就表示我們只是做到理無礙，而事相上仍有障礙。

在理論上，我們知道世間的一切都是無常，即使是念頭也是念念生滅無常。因為佛陀在「三法印」的第一法印裡就告訴了我們這點，可是我們卻無法真正通達無常，總是在日常生活裡很容易忘記（故意去看時，可能會看到一點）。這是因為我們都只是在理論上通，當它發生在事相上時就不通了。這也是由於無常的改變太微細了，不容易見到的緣故。

若對理論的了解只是一種知識，這還不是無癡，要到事理融通才是無癡。如了解了無常，能讓自己真正生活在無常中，內心也能清楚地看到無常，如此一來，對世間即不再貪戀、不再瞋恨了。如當別人罵你時，若能看到那罵人的聲音是無常的，每一個字都是個別的：第二字講出來時，前一個字就消失了。如此一觀，那還有什麼氣可生呢？當別人講了很好笑的話時，若能分析出其中的無常和短暫性，在歡喜過後也就成為過去，便不會再起執著的心。

諸法也是無我，人最喜歡的是自己的身體，所以會刻意地去保護、打扮它。可是身體其實不屬於我們，只是暫時借來用用（向世界借來地、水、火、風的組合暫用一下），等借的期限到了，就必須歸還，再借另一組四大來用。所以，若連這最親密的身體也不屬於我們，貪心、瞋心又如何生得起來？當然，無貪與無瞋並不是要我們刻意地糟蹋這個正報的身體，使它不吃不喝；而是要讓它繼續生存下去，只是對它淡然地處理令不起貪瞋，更不要刻意地為了身體而浪費生命。另一方面，當有苦受時，也能不刻意地去執著它，這樣便可說是無癡心所法已經生起來了。

一般人都覺得佛法知易行難，可是真正的佛法是知難行易。真正地對事理明解，才是真知；平常的知只是理論上的了解，是通過文字而知，並不是真知。真知是通過智慧對於事理親自去了解和體會，而並不單是通過文字或別人的經驗。若能達到真知的境界，那時要實踐起佛法就容易了。當佛陀得到智慧時，他不需要故意去斷煩惱而煩惱就自然斷了。所以，只要能得到無癡、無貪與無瞋，這種境界就自然地在我們的行為中表現出來。

成就了無貪、無瞋和無癡後，慈悲心即生起來，因大悲心是從無癡與無瞋中生起來。若說大悲心從無瞋生起，這是易於明白的，但真正的大悲心卻是從無癡而起。若對事理不明，慈悲心實際上是根本無法生起，即使有也不是真正的慈悲心，它還是屬於貪心，只不過這種貪心已經淨化而沒有很深的執著而已，而且所貪的也不再是為了自己（貪愛的範圍已擴大）。一般我們最愛的就是自己，再推展到愛自己的父母、兄弟、愛人、親戚和朋友，然後是一村的人、一個社會、一個城市和一州的人，甚至還可以擴展到一個國家、一個民族。可是若回過頭來看看，會發現最愛的還是自己。假如是真正的慈悲心，就不是這個樣子。

慈悲心是用平等的態度、同情愛護的心對待一切人，而這必定要通過對事理的了解（即無癡的心），只有這樣，才能把「無緣大慈、同體大悲」的精神展現出來。所以，慈悲心不但是建立在無瞋的感情上，也建立在無癡的理智上。沒有理智的感情是危險的，沒有感情的理智又是孤僻的；只有感情與理智達到同樣的境界，才是無貪、無瞋、無癡。佛陀對每一件事都能以很明確的觀點判斷，所以他的度生事業不會出錯誤。我們做事，不是因為過分感情的主觀，便是過分理智的客觀，而過分客觀有時也會變成沒有原則。

無癡是種真知，是親身的經驗。有了無癡，其他的善法都很容易生起來。平常，我們對事理多少有點融通，如對佛法有多少的了解，便自然地會表現一點；了解得愈多，表現或感覺的也就愈多。為了得到更多這方面的經驗，我們就會更加深對佛法的認識，那時就會發現自己的生活漸漸在改變，這是無癡心漸漸與自己相應了。用無常與無我的眼光來看世間，便能使心達到空的境界：對世間的一切，不論是善是惡都沒有了執著也不再造業，一切隨著因緣而為，因緣過去了就把它放下。三善根不只是修學佛法最初的工夫，也是究竟的目標，是開始也是總結，可見它是多麼地重要！

⑦精進：精進是修學佛法的一種力量，若缺少了這種力量，即使通達了許多事理也無法表現得出來。要得到精進力就需要與無癡心相應，即對事理明白得愈透徹，精進力就會愈強。精進是「於善惡品，修斷事中，勇捍為性」：對善的應修，惡的應斷。精進包含了修善、斷惡兩個層次，若只斷惡而不修善，還不能算是精進。戒的意義也是如此，它不只是斷惡，也是修善，只是一般人只注意到它止惡的方面而已。

斷惡與修善不能硬性地將之二分來理解，其實它們是並進的：行善時，正表示惡業慢慢地減少；反過來說，減少惡業時，善根也就慢慢地增長。這也即是說，當智慧增長時，煩惱就會逐漸地消失。所以，當我們在實踐行善止惡時，最重要的是要以勇捍的力量來自行策化，以無懼的精神與刻苦耐勞的力量行善法。因為「勇」猛的力量，能打倒我們的懶惰使往上進；「捍」能使心堅固，使我們不屈不撓地一直向前、向目標行去。

人都有一種惰性或依賴性，如坐椅子時，若椅子是有背的就一定會讓身子靠在椅背上，這即是惰性的表現。我們要對惰性採取不妥協的態度而自行策化，不要被它拉倒，如此就能產生勇猛的力量，並且要讓它堅持下去。除此之外，無論做什麼事，許多人都是在衝動下做的，過後就會停下來，總是一曝十寒。若有堅持的勇猛，即使那是一件小小的善事，也會漸漸地變成大善。修善是如此，斷惡的情形也是如此，煩惱雖多，只要一天斷一點，總有一天會把所有的煩惱都斷去。

精進的功用即是對治懈怠，它有力量能圓滿一切善業與善識，所以說精進是以滿善為業。所作的善業也許能達到某種程度，但因精進不足，就會停留不前，沒有圓滿的機會。完滿善業不是一朝一夕的事，而是必須一點一滴地累積起來，如俗語所說：「滴水穿石」、「積沙成塔」。有一本書記載了一個這樣的故事：四川有兩個和尚同時發願到普陀山朝聖，當窮和尚對富有的和尚說他要去朝聖時，富有的和尚就問他：「你要怎樣去？」窮和尚說：「我拿了衣、缽和瓶就可以去了。」富有的和尚驚訝地說：「你以為一缽一瓶就可以去了嗎？我計畫了好幾年籌錢買船，至今還去不得，你哪有可能去呢？」窮和尚也不加辯駁就離去了。

三、五年後，窮和尚又來找富有的和尚，告訴他自己已經從普陀山回來了。富有的和尚在驚奇下便問明原因，窮和尚即說：「我一路上靠著一缽一瓶討飯吃，並到處掛單，就是這樣來回普陀山的。」富有的和尚一直計畫要買船去，結果至今還去不成，窮和尚反而坐言起行而做到了。這個故事主要是告訴我們：有許多事情不是能不能做到的問題，而是要不要做？精進的意義也是這樣，只要把善事慢慢地累積起來，總有完滿的一天。

佛陀在說法時非常強調精進，我們可以從經典中，發現到這一點，如在《三十七道品》裡就講了九個精進，可見佛陀對精進是多麼地注重。現在根據「六種精進」裡的不同項目，把精進的內容列出：

a.增減精進：四正勤。四種正勤的內容分成增的部分和減的部分，增的部分屬於善，減的部分屬於惡。增的是「未生善令生起，已生善令增長」，而減的是「已生惡令斷除，未生惡令不生」。

b.增上精進：五根。五根之一的「進」，即是精進根。根者即增上義，如樹木有根，才會生長一樣。所以，有了精進，其他事業才會增長起來。

c.捨障精進：五力。五根生起來後便會產生很強的力量，這即是五力，如信根加強時即是信力。懷疑之心是學佛的障礙，信力便有除去疑惑的作用，障礙除去了進步就快，故五力有捨斷煩惱的力量。除信外，精進力能斷懈怠障、正念力斷邪念障、正定力制散亂心，以及正慧力斷愚癡障。五種力量中，精進力是捨障礙的主力。

d.入真精進：七覺支，特指七覺支裡的精進覺支。根據修學佛法的過程，是四念處、四如意足（四神足）、四正勤、五根、五力、七菩提分（七覺支）和八正道。修學的過程是以四念處為開始，因為它是正見，而正見是修學最重要的部分。有了正見，但定力卻不夠，便修四神足，進而修四正勤來策勵自己，然後五根生起來，再慢慢增長成為五力。

從四念處至五力這段修習的期間內，還是屬於凡夫地。要得出世間的無為法，必須經過七菩提分或七覺支才能轉凡入聖，所以七覺支又名「入真」；而其中的精進，即名為入真精進了。有了這種精進即能轉凡為聖，所以在修學的層次中，七覺支是非常重要，它能決定一個人是凡是聖；若能過了七覺支這一關，所修學的就都屬於出世間法了。七覺支是「見道」，即能使修行者見到菩提道。

e.轉依精進：八正道。修成七覺支後再依八正道繼續修習，即能轉凡依聖而進入出世間法。八正道中「正精進」的力量，能使行者證得聲聞乘的最高果位，即阿羅漢。

以上五種精進，都屬於聲聞佛教修習的方法。

f.大利精進：六波羅蜜，特指其中的精進波羅蜜。六波羅蜜主要是利益他人，前五種較著重在自利，後一種則重利他。

以下再以「五種精進」說明精進的作用：

a.披甲精進：這種精進有如兵士披甲（打仗的穿著）上陣一樣地勇猛而無畏懼，意謂披著精進之甲進入五欲賊陣中而無所畏懼，因無所畏懼，所以能殺盡五欲賊。

b.加行精進：做了一件善事後要更加精進地把它做好，如有了信心後還要更加策勵，不停地修習善行來使它更堅固；即如修四念處到某種階段時，要再增加四神足或其他的修習。此修行層次的增加，即謂之加行精進。

c.無下精進：即不看輕自己而有自信，自信能令人向前而不退卻。我們會害怕，是因為有自卑感、看輕自己；若有自信心，即使事情再困難也會努力去做，這即是精進。

d.無退精進：精進力使人即使面臨許多困苦境界，精神上仍是不屈不撓。一個學佛的人修學得愈深時，面對的困苦也就愈多，因為當要向善時，必定會面對阻力的出現：向善心愈強時，阻力就愈大，所以必須具備無退精進力，勇猛而堅固地繼續下去，這是特別重要的，否則學佛的心很快就會退失了。一個出家的學佛者，如沒有無退精進就無法擊退煩惱的侵擾，那要如何承擔如來的家業呢？如來家業既繁重又多，且常常會面對種種的困苦，菩薩度生時是會有種種磨鍊的！

我們在未有大成就之前，經常都會有種種的考驗及磨鍊，若都受不了，如何能承擔大事？儒家說：如果上天要把重大的責任加諸於你時，一定先讓你經歷考驗與磨鍊後，才有能力來承擔這些責任。如果出家人沒有無退精進，在面對考驗及磨鍊時，就無法堅持而退卻了。但只要能把它當作一種測量自己程度的考驗，這即是無退精進。實際上，若在學佛的路途一路順風，不見得就是好現象，因為有可能是自己順著欲望而行了。學佛是逆水行舟的，必定有困苦，這就真的需要有無退精進才能向前行去。

e.無足精進：即沒有滿足的精進，意謂所作的雖然已經成功，還希望繼續上進，這點佛陀表現得最了不起。有一次，佛陀聽見一位瞎眼比丘在說：「有哪一位愛惜福報的人肯來為我穿針？」佛陀即刻上前幫他把針穿好。瞎眼比丘很感動地說：「佛陀，您已是一位福慧雙修的聖人，您的福報早已圓滿，為何還那麼愛惜福報？」佛陀告訴他：「是的，雖然我的福報已圓滿了，但我還是一樣地愛惜福報。」所以，佛陀依然不停地幫助別人。雖然這是件小事，卻可看出佛陀對所修所學的並沒有感到滿足；雖然他已經圓滿了一切，但還是不停地前進，還是無止境地修習著。

在經典裡，時常說到佛陀於度眾生之餘，還時時修習禪定。其實即使佛陀不再修習禪定，他早已經是佛了，但因他有無足精進，所以還是無休止地在修習。禪宗也說：

「百尺竿頭，更進一步」，一般人只懂得應用而不知其義。禪師們常告訴他們的弟子（其實這句話也只有禪宗才用得到），他們已經到了百尺的竿頭，要他們再走一步，讓他們去想再走一步會變成什麼樣子，這是一個話頭。禪師用一句話引起弟子們的疑情後，他們就會把整個人都投入修禪的境界裡，只待一個成熟的機緣，他們便能開悟。這句話的真正意義與作用也即在此。現在我們用這句話來形容「學無止境」，即是指到了最高的境界後還是要向上，不要停留在那裡。

以上都是無足精進的說明，告訴我們不要滿足於現狀。此外，為了表明精進的重要，再舉兩個譬喻說明：「勤如小水常流，則能穿石；懈則如鑽木取火，未熱而息」，可見「一切世出世間，自利利人事業，皆由精進一法而能成就」。

⑧不放逸：「精進三根，於所斷修，防修為性」。不放逸是假法，它是從精進與三善根這四種心法中假立的。這四種心所法的作用即是斷惡修善，所以為了使斷修的作用持續，就要有不放逸的心所法來防止它中斷。不放逸能幫助我們早日斷惡：對於惡業，它有「防令不起」的作用；而對於善業，也有「修令增長」的力量。此意謂著：若我們能在斷惡修善的過程裡，繼續不斷地增加不放逸的功用，便能令惡法斷滅、善法增長了。

一般，每個人都有精進力，但也有放逸的時候。放逸的生活是每個人都會有的。放逸的心所較精進微細，所以不容易發現它的存在。講話即是個很好的例子，當講得旁若無人正開心時，那時的心正接近放逸，這可從較放恣的言語和行動上看出來。人除了要精進以外，還要能不放逸。習氣會使一些已斷的惡業再度生起來，所以要以不放逸來防止它。此外，有時想做一件善事但發現力量不夠時，同樣地也要以不放逸的心所法來增長它，因為不放逸的業用能成滿一切世出世間的善事。不過，我們要明白，不放逸雖然只是從精進生起來的假法，卻是比精進較進一步，所以假如能真正地精進，實際上在那個時候也即是不放逸了。我們平常所認為的精進就因為不是真精進，所以還會有放逸的心理。

要真精進、真不放逸，就要有正見——憶念無常或真正體驗到無常，只有這樣，才不敢放逸而真正地精進，就如〈普賢菩薩警眾偈〉所明：「但念無常，慎勿放逸！」印光大師也在他的房間裡，寫上一個大大的「死」字來提醒自己：「死」就快要降臨自己的身上了，所以要趕快用功！印光大師之所以成為祖師，即是因為他能時刻保持精進與不放逸。其實，我們也不知道閻王老子什麼時候會找上門來，如果在自己還未準備妥當時他就來了，那該怎麼辦？所以，也要趕快在死前準備好上路的資糧，其中精進是必須的條件。

佛陀曾這樣問他的弟子：生死究竟有多長？弟子之中有說在一、兩年間，也有說

一、兩天間。不過，當其中一個說就在呼吸之間時，佛陀即說這才是真正了解了無常。生命本來如此，一口氣吸不進來就結束了。誰都沒有把握那一口氣呼出後，會不會再吸進來？也不知道什麼時候會吸不進來？如果人人都有生命是無常的觀念，就不敢放逸了。

最後，再引用孟子的一句話：「學問之道無他，求其放心而已矣。」意謂作學問的方法，即是把放失的心找回來，也即是說作學問要有不放逸的心，否則學問就作不起來。禪宗也說：錢若沒有準備好，臘月三十來臨時該怎麼辦？可見，放逸也即是跟自己的生命開玩笑！

以上八種善心所法也可分成修善與止惡兩大類，如下表所示：

信	樂善為業	修善
無貪、無瞋、無癡	作善為業	
精進、不放逸	滿善為業	
慚	止息惡行為業	止惡
愧	止息惡行為業	

修善階段必定是這樣：有了信心，才會想到做善事、喜歡做善事。無論是對佛法、

人生的意義或真理都好，只有在了解起信後才會實行；而實行時，就須與無貪、無瞋和無癡三個心所法相應，如此便能行善，然後再以精進與不放逸的力量策勵自己持續行善。有關所作的善業，《法句經》裡作了個譬喻：「莫輕於小善，謂我不招報，須知滴水落，亦可滿水瓶，智者完其善，少許少許積。」意思即是說，不要看不起小小的善事，要知道一件大善事（如成佛）的圓滿，也是需從小小的善事中累積起來，而累積的工夫即是精進與不放逸。如果沒有它們，就會在做了一件善事後就不想再做了，那麼善業便永遠無法完滿。

據佛陀的《本生談》所說，釋迦所以能夠成佛，即是從他生為猴子那一世所發的第一個善心開始：當時牠的媽媽掉進深坑裡，牠想盡辦法召集了許多猴子救出母親。自那時起，牠發了很大的孝順心，也就從這孝順心開始，他的善業才慢慢累積起來直到最後成佛。另外，有一位著名的歷史學家在寫一部歷史書時，當他寫出大綱後才知道必須花四、五十年的時間才能完成這個大綱。結果，他寫下了一部十二冊的《歷史的研究》，這即是一種精進心。他除了有研究學問的興趣外，還有無限的毅力與精進，所以能完成一部鉅著。行善亦是如此，需要精進、不放逸地慢慢把善法培養起來。

有關止惡的部分，是指慚與愧。為了對自己的良心負責、對社會負責、對父母負責，所以不作惡事；作了惡事良心上一定過意不去，即使全世界的人都不知道，良心卻不會不知道。假如那是一件十分大的惡事，良心每天都會折磨自己，我們會感到難過，除開果報不說，這一生就不會過得安寧。所以，有慚愧心的人不敢作惡，以免遭受心理上的負擔（相信許多人都有這種經驗）。

有一些人在學佛後會覺得更加矛盾與痛苦，那是因為未學佛前做了壞事並不覺得有什麼大不了，反而在學佛後即使踏死了兩隻螞蟻也會覺得是不得了的大事，心裡難過極了。這些在學佛前被認為是微不足道的小事，在學佛以後卻不敢再做了，這即是慚愧心在運作。慚心是依據自己與佛法的力量使自己不敢作惡，而愧心則是覺得對不起外在的社會、國家與父母而令止惡。

以上八種心所法都強調修善與止惡，後面三種則較前者更進一步，其中有些是修習禪定時才會生起的心所法。

⑨輕安：在我們的日常生活裡，要有輕安心所法生起的機會很少，甚至沒有，但會有某種境界的心所法與輕安很接近。所謂輕安，其體性是遠離粗重，調暢身心。粗重是指身心方面的沉重感受，一般也可稱為昏沉，即心情一直往下沉，身體有氣無力又沉重。這種感受使得我們什麼事都做不好：如聽課時沒法子動腦筋，總是聽不進去，也不想動手，更不想動口，整個身心懶洋洋的，這樣的情況即是粗重，與輕安剛好相反。很多時候，輕安只有在定中才有，平常的生活沒有輕安，但可以有輕快感。輕快與輕安很

接近，輕快會使人有堪任一切的感覺。當一個人對他想要做的事不能勝任時，心情是沉重的；反之，如果他覺得能夠勝任，心情往往就輕快爽朗，這便是一種與輕安相似的輕快境界。

輕安的感受也差不多：身體上感到輕安，內心感到安寧，即是遠離了煩惱和有漏。若依修習而得定，當達到某種階段時，心裡會有不一樣的感受，這是可以試驗的：當讀書讀得煩悶時，打坐十分鐘，再看書時會覺得吸收更快，這是由於心裡有了輕安的感受。身心愈輕安，工作的效率愈好。所以，一個修行或有習定的人，向來都不讓心散漫，常把心集中在一點上從而得定。這樣的人無論做什麼事，效果都會比較大。

佛陀曾說過：「制心一處，無事不辦。」即是說，假如心能常保持專注，身心時常輕安，那麼做什麼事都較容易成功。試看世上許多成功的人物，幾乎都能比較專注；精神散漫如精神或心理上有毛病的人，恐怕做什麼事都無法勝任，因為他們的身心都很粗重，與煩惱嚴重地相應。所以，凡欲做好任何一件事，讓身心保持專注或輕安是很重要的。不過真正的輕安，只有在修習禪定時才會有（稍有修定經驗的人，多少都會體會到）。與定相應的輕安有三種：

a. 相似輕安：即得定之前的「未到定」，為相似入定的輕安。

b. 有漏輕安：與有漏定相應的輕安，從遠離粗重的煩惱而得，如得初禪、乃至四禪等。

c.無漏輕安：與無漏定相應的輕安，從遠離粗重的煩惱而得，如得滅盡定，這時即有了脫生死的感覺。

一個修持個人生死解脫的人，往往會讓人覺得他過得很苦。他除了要下很大的苦功外，還要認真地看透世間是苦以便生起厭離心，這的確是苦的。不過，如果他能透過這一關從而得定，了脫了生死時，那種感受就不一樣了。試看佛陀和阿羅漢的表情都是安詳的，這是因為他們的身心都已得到了輕安，讓人看了也能感受到其中的氣氛。

⑩行捨：行捨心所法是從精進、無貪、無瞋和無癡這四種心所法上假立的，它與輕安心所法一樣是在禪定裡才出現（平常可能有，但卻不強烈）。行捨的心相是平等與正直。我們的心向來沒有一個時刻是平等、正直的，總是在上下來去中，在這樣的情況下，無論做什麼事都不易成就。所以必須使心達到行捨，而這又與修習禪定有很密切的關係。

行捨的另一心相是無功用住，使內心有平靜的感覺，似乎什麼都沒有了。此外，它也能對治掉舉。掉舉與昏沉同屬煩惱心所法，是修習禪定的最大障礙，即所謂「定障」：初修定時，心無法靜下來，對所念的念處也無法專注，此即掉舉；當漸漸上了軌道後，一切又顯得太單調了，於是就會進入迷糊的狀態，這即是昏沉。

凡修禪者，都會遇到這兩種情況，所以必須時時刻刻提起輕安與行捨心所法：當心昏沉時，就用輕安心所法使心活動，加重觀念的力量，昏沉心所法即會開始消失（除非身心都已經很疲倦）；當掉舉發生時，就以行捨心所法來對治，暫時把觀念的方法放下，對妄念更是置之不理，如此就會使心慢慢地靜下來。當心達到平靜後，若再繼續作觀、作念，就較易與之相應了。

當修定工夫較深而所觀的念已經進入佳狀時，就要以行捨心所法把所觀的念慢慢捨去，這時就會出現一種非掉舉也非昏沉的境界，此即無功用的境界。若此情況持續下去，心相便會漸漸地微細而入定；或者在修定至某種階段，當心把外境捨去（甚至連身體和呼吸也捨去），最後連所觀的念也自然地捨去，讓身心安住在這種狀況下時，這也是一種行捨（以後它會入定或進入無心的境界）。如果我們不懂得用行捨而依然讓心與外境接觸，或仍然緊緊地執著所念處（尤其是與煩惱糾纏），即使經過很久也無法得到定境，所以要懂得在適當的時候應用行捨。

有一點要注意的是，有時昏沉會有點像行捨的境界，但是可以分別出來：昏沉時身心是粗重的，行捨的境界卻是身心輕安（縱使在定中已忘卻一切，但在身心回復自然時，依然有非常舒暢的感覺）。不過，行捨與昏沉同樣地都會在某個階段把一切捨掉。假如心已進入行捨而產生非常安靜的感覺時，再把心提起來繼續觀念，會發現所作的觀念非常清楚；但假如此刻的心不能與念處相應，即表示那不是行捨而是昏沉。

修習禪定有止與觀兩種行門：止能得定，觀能發慧。當行捨令心安住一處時，接著就要起觀想，以得到智慧：如作不淨觀，就能真正地見到不淨。這時貪的煩惱即會捨去不少，甚至斷滅而生起厭離世間的心。此時，世間的一切都不能再動搖自己的心了，這即是一種智慧，一種從輕安心所法中修觀的結果。不過，開始時必須先讓心平等正直、不偏不倚以得到定境才行。

有些人在修定了一些日子後，忽然會對所會的不想繼續下去。如果他當時懂得行捨就會因而進入狀況，故知輕安與行捨兩個心所都與定心相應。修定者不只必須先了解這兩個心所法的情況及它所產生的效果，還要知道在修定前如果身體已經很疲倦就易與昏沉相應；假如身心都輕快則易與輕安相應，如下表所示：

輕安 ┐　　┌ 昏沉．昏沉 ┐　　┌ 輕安、毘鉢舍那　睡眠 ┐　　┌ 觀—慧
　　　├對治┤　　　　　　├能障┤　　　　　　　　　　　　　├能障┤
行捨 ┘　　└ 掉舉．掉舉 ┘　　└ 行捨、奢摩他　　惡作 ┘　　└ 止—定

止與觀是修定慧的必經之門：止的結果是定，觀的結果是慧，止觀與定慧是禪修的過程與結果。學佛者若不通達止觀和定慧，所學的就只是世間法或人天乘法，即使所作

的布施工作不少，禮佛的次數也多，因為不斷煩惱，最大的福報也只能生到天上去。通過止觀的方法才能啟發智慧，有了智慧即能斷煩惱，所以要學出世間法就必須與止觀相應，這是中國佛教最注重的。

中國佛教裡最盛行的修行方法即是禪宗法門，禪宗是把定慧合起來修的。一般修習的方法是止觀與觀止，即先讓心靜下來，然後作觀；然而作觀太多心易散，故觀後又再止。但禪宗的方法卻不是如此，他們雖定慧一起修，但更強調慧。不過，這並不是容易的事，必須有好的老師從旁指導才行。

有了禪，佛教才有生命。佛教比異教了不起的地方，即是定慧雙修。佛教的信仰者如果不修定慧，與信仰異教無異，甚至比他們還要差。在六種波羅蜜（度）裡，把精進列在布施、持戒和忍辱之後，禪定與智慧之前，即是為了說明精進是修習禪定與智慧必須具備的條件。前三種波羅蜜的修習即使缺少精進仍然可以進行，但若沒有精進，定慧就修不起來了。在講心所法時把精進與不放逸列在定慧之前，即是要說明它們的被重視，且是修止觀所必須具備。

⑪不害：它由無瞋心所法生起。惱害眾生而使他們苦惱，即是由於瞋心生起的緣故；如果沒有瞋心，就不會想到要損害眾生。善與惡只是一法兩面，這可以從所有的善心所法中發現與它們相反的煩惱心所法。假如對眾生有惱害心即是「害」，沒有惱害

心即是「不害」，所以面對有情時，到底要以怎樣的心情來對待他們就決定在害與不害了。若瞋心輕或完全沒有的人就是不害（無瞋是慈心、與樂之心），重的即害。不害是拔苦的心（悲心），如果不想惱害眾生，就會想到要幫助他們離開痛苦的加害。所以不害以悲憫為業，而要有悲心首先就要提起不害的心所法；反之，有「害」心者悲心就無法生起，因為它們是相對的。

前面說過，慈悲與無瞋和無癡相應。愚癡的人少發脾氣，貪心也輕，但他的癡心重。他雖然無瞋心，但若要他起慈悲心卻不可能，因為他有癡心，對眾生的情形無法了解。由此可見，慈悲心一定要與智慧相應，否則濫用慈悲（不懂如何是正確的幫助，什麼是真正需要幫助的情形）就會變成「濫好人」——看起來是好人，其實是不懂。這並不是慈悲的真正意義。佛法對慈悲的定義很深，認為深廣的慈悲必須是修菩薩行的人，或真正達到菩薩境界的人才能真正地表達出來，亦即真正慈悲心的流露必須與無瞋、無癡相應。我們現在所作的與慈悲相差還遠，所以在修習禪定時可習作「慈悲觀」；若所觀的能與定心相應，那就很接近慈悲了。

眾生的瞋心要以慈悲來對治，所謂「多瞋眾生慈悲觀」。真正的慈悲心是無瞋且不會惱害眾生，同時會想到如何令眾生離苦得樂。根據修禪的經驗：一個修習慈悲觀的人，因為有無瞋和不害的心，所以他們不會受到其他動物的惱害。一般人見到老虎或獅子時，心裡一定生起恐懼，同時還想要如何把牠們打倒，這即是瞋恨心了。瞋心一發，老虎就會感受到而先把他吃掉。一個修習慈悲心的人因為內心沒有瞋恨，所以老虎不會傷害他（內心無毒，外來的毒就不能有所加害）。許多有高深修養的僧人都有這樣的經驗，有些甚至還為老虎等說三皈依、授五戒呢！在森林裡修慈悲觀的行者，蜈蚣、螞蟻之類都會迴避他而不來干擾，即是因為他沒有瞋恨心。

瞋心是修菩薩道的最大障礙（貪心倒不是最重要的，因為有貪心也能度眾生），所以在菩薩戒裡提到：若以瞋心自讚毀他或損害別人，即是犯了菩薩重戒（故不殺生自然也是菩薩重戒）；反之，若有無瞋與不害之心，修行菩薩道就容易多了。

(4) 煩惱心所法

四、煩惱六者。一貪，二瞋，三癡（無明），四慢，五疑，六不正見。

在我們的內心裡，缺點總比優點多。假如知道缺點的所在，要改過就容易了（當然，要不要改過是另一個問題）；但如果連缺點在哪裡都不知道，即使要改也沒有法子可改。所以，我們有必要去了解內心的煩惱心所法到底是什麼。

煩惱心所法可分成兩大類：第一種是根本煩惱，這種煩惱如樹之根，能生長出許多其他的枝末煩惱。第二種是隨煩惱，就是從根本煩惱分出的枝末煩惱；隨煩惱中，又可再分為大隨、中隨與小隨煩惱三種。根本煩惱有六種，而第六種又可分成五種，所以共有十種。從第六種分出的五種不正見都屬於假法，雖然也是慧的一部分，但因為它們與煩惱相應，便成了不正見。若此五種「慧」與善心所法相應即是智慧，若與正定相應即是「正慧」了。

①貪：貪、瞋、癡三種心所法是最根本的煩惱，其中又以癡最嚴重。不過，癡心所法的相很微細，不容易發現它的存在，反而是貪、瞋的相較粗而容易被發現。其實，我們之所以會貪與瞋，皆因為有癡，甚至一切煩惱的產生都是因為癡——無明。

貪是於「有」與「有具」染著為性，它是一種很深的煩惱，與癡同是生死的根本。在日常生活裡，幾乎每個時刻我們都與貪心所法相應，假如沒有了貪心所法，我們就可以活得很自在。最微細的貪相即是貪著生命，這是把我們纏得最深、且最不易發現和最沒有足夠力量來清除的煩惱。一個即使我見不深的人，要他不去關注他的身體，並不容易辦到。當一個人即將死去之際，他是非常不願意的，雖然他平時可以誇口說不怕死。自殺的人在他生命結束前的最後一刻，如果還有機會告訴大家，相信他會說他不願意死，因為他在那一刻又很愛惜自己的生命而捨不得就此死去了，這即是貪愛生命的根所使然；也因為這個貪愛，才使得眾生輪迴不息！

當一個人在面臨他自己並不願意卻又「不得不去」的死亡時，內心就會希望以另一種生命型態，即換了另一個肉體再來世間繼續生存下去。因為有這種心理，才使我們沒有辦法了脫生死，時時刻刻都與輪迴相應，被它束縛！因此，佛法才稱這種生命型態為貪「五取蘊」，即愛染著五蘊根身。

我相信人死之前，貪心會特別重的情形是非常普遍，甚至有些人在死後仍不能放下他的肉體。這就是為什麼有人因搬動過屍體而招來倒楣的原因（因為死去的人不喜歡別人觸摸他的身體）。這種貪幾乎已經深到不可救藥的地步，想要這樣的人不輪迴實在是沒有辦法。如果一個人在臨死那一刻仍能保持正念，死去後又能完全捨棄自己的身體，不想再輪迴，很有可能在貪心被祛除的那一刻就了脫生死了。可是只有阿羅漢能做得到這一點，我們還沒有足夠的力量做到。

阿羅漢死時，心已不再染著三界的一切（包括他自己的身體），所以能真正地脫離輪迴。修行成功的人，如舍利弗在聽說佛陀即將入滅時，即先自行入滅了；須跋陀羅在聽了佛陀說八正道後，立即證得阿羅漢果，也就在那一時刻進入涅槃。為什麼他們能這樣來去自如呢？這是因為他們對自己的生命已經看透了！他們對世間的有（業）與有具（惑）能完全捨棄，所以不會再繼續流轉生死。

學佛即是要斷除貪心所法使心轉成無貪，如此就能對世間不再有染著，許多煩惱也會因此而減少。貪心淺的人比較少煩惱，有句話說：「貪多業亦多，取少業亦少，萬般苦惱事，除貪一時了。」貪是生死的根本，有些人甚至會認為貪是導致輪迴的最根本煩惱，比癡更重要。實際上，是因為有癡才有貪；若除去了癡心，貪也就會隨著消除。不過，貪並不容易一時就被斷除，即使修不淨觀得了智慧也不是容易的事。它非經很長的時間，慢慢減輕那已經熏習了很久的習氣不可；最後修到完全沒有貪時，也即是沒有苦惱的時候了。

著重在個人生死了脫的小乘行者，第一個要除的也即是貪，這在比丘、比丘尼戒裡就有很明顯的表示。一般的戒都以不殺生為主，但比丘戒卻是以不淫欲為主的（不過，大部分的戒律都有不淫戒），這是因為淫欲是世間貪愛中最重的一種相，也是人最沒有辦法脫離的一種貪愛。「八關齋戒」裡的不邪淫被改為不淫，又在後面立了幾條遮戒來保護它，其原因也不外是要減輕欲望以防止淫欲的發生。佛法常以水來比喻淫欲的貪相：如把水倒在土地上，水很快就會滲入泥土，即使要阻止也不容易。

因此，盤結在我們內心深處的淫欲，是最根本、最嚴重的貪相，連自己也看不見它的存在。有時，它會有意無意地流露出來，但我們還是發現不到它（能表現出來的貪相已經不是最深的了），這根本的貪相，只有通過真正的修行才能看到。貪，幾乎在每一個時刻都與我們的第六意識相應，像經常懷念過去的事情，其實這也是一種貪。

②瞋：瞋相較貪相為粗，意思即說當瞋相表現出來時，是比較能為人所感受到。但根本煩惱的行相一般都不是很粗，反而是從它而生的隨煩惱行相比較粗。根本煩惱多數

發生在內心，表現出來的多數已經是隨煩惱。瞋相的發生，是來自內心對不如意的境界或苦的感受生起不順意的感覺，相信這種感覺是每個人在生活裡都會有的：如早上起來有情緒低落的感覺時，這即是瞋心的一種表現（雖然這瞋並不明顯，但內心其實已經起了瞋心），因為瞋心的情形是讓內心產生不穩定的情緒。瞋能讓內心產生熱惱，使人感覺到心裡好像有一團火在燃燒而恨不得把別人吞下去，所以瞋心被喻為火。因此，當我們感到內心好像有火在焚燒時，那就是瞋心了。瞋（恨）心可分成三種：

a.有情瞋：即對有情表現瞋心，如對其他的眾生，包括父母、師長、乃至動物起不滿的心，把脾氣發洩在他們的身上；或因為他人而引起瞋心，如以色列與巴勒斯坦人之間的流血事件。

b.境界瞋：即對非有情的外境起瞋，如對天氣的冷熱等感到不順意。

c.見瞋：即見解上的一種瞋恨，是一種很可怕的瞋心。當人有不同的見解時，就會形成敵視相對，互相排斥或攻擊；如果其中一方得勢，另一方可要倒楣了。基督教曾有一個時期非常有勢力，只要有人稍微觸犯了上帝就只有死路一條，這件事在歐洲的歷史上稱為「黑暗時期」。

許多有名的科學家、思想家與哲學家，都受到這種思想的壓迫。如義大利科學家伽利略，當他把「太陽不是繞著地球轉，而是地球繞著太陽轉」的學說提出來時，基督教的教會即下令拘捕他，並逼迫他承認太陽是繞著地球轉，否則就要把他燒死。因為他的年紀已經大了，逼不得已只好承認了上帝創造一切的思想。不過，當他被釋放後曾說過：雖然他承認太陽繞地球轉，可是事實上還是地球繞著太陽轉（後來他是在心情極度痛苦中死去）。

這種情形如果發生在宗教，便是一種很不好的現象。宗教本來就是要找出一個對人們生活有意義的學說，假如因為學說不同而互相排斥，那實在是不太好的一件事。在宗教史上，除了佛教以外，其他宗教都曾發生過類似的情形。以色列與巴勒斯坦今日的局面，與宗教也有點關係。雖然他們的宗教都是同一源流，只因見解上的不同，信仰上的偏差，便結下了世代不可解決的怨仇。

平常人也有見瞋的發生，如開會時因某個問題令持不同意見者辯得面紅耳赤，各人都堅持己見而不願接受對方的見解。印度人對這方面特別重視，他們往往以頭顱做為辯論成敗的交換。玄奘法師西去取經時，就常有外道找上佛門來要求辯論的記載。佛教史記載著佛教有多次面臨這方面的危機：婆羅門的教徒來要求辯論時，以頭顱做為交換佛教寺廟或信徒的條件，甚至有一個時期佛教的許多寺廟都因此而不能敲鐘。幸運的是，佛教往往在面臨危機時，便出現了一些了不起的大師，如馬鳴菩薩、脇尊者等挽救了佛教。

佛教後來在印度滅亡，除了異教侵入的原因外，也是因為佛教正好缺乏了不起的學者。當時又適逢婆羅門教復興，出了幾位了不起的學者常來與佛教辯論。在缺乏人才、辯輸了就被驅逐的情況下，佛教漸漸地衰弱下來，以至最後在印度本土消失了。由此可見，有了見瞋，人就不能融洽地生活在一起，試想這有多可怕啊！

③癡：「於諸理事，迷闇為性」，迷闇即是不明事相和理論。我們可以明白某一種事，也可以明白某一種理論，可是當要把理論與事相配合時就不容易了。看起來理論比較高尚或理想化，而世間上的事情並不是這麼理想，所以要事理融通無礙時就會發生困難，理論永遠是理論，事相永遠是事相。這種情形最常發生在學佛者的身上。沒有學佛的人，不懂得什麼是事、什麼是理，一生迷迷糊糊就過去了，當然這也是愚癡的現象。不過這種現象並不明顯，別人也不易理解。

我們可以通過理論了解到對治瞋心的方法：如以忍辱來降伏它，或對有情瞋以生忍治之，或對境界瞋以法忍治之，或對見瞋以無生忍（即對佛法的一種深刻了解）治之。然而這些都是理論上的說明，實際上我們並不能做到這一點。所以，學了佛以後會有自卑感，甚至有人會覺得有罪惡感，因為佛法所講的實在太好了：不發脾氣、沒有貪心、沒有我慢，但在我們的日常生活裡，這些只是理想——這種境界對我們來說，實在太高了。

佛陀教導眾生不要殺生、不要偷盜等，雖然我們受持了這些戒條，但每天多多少少在做著這些事，尤其是要不妄語就更困難了。當我們無法把佛法應用到日常生活裡時，多少會有自卑或罪惡的感覺。如果我們只是把佛法當作學問來研究，當然就沒有問題；但如果把它當作一種宗教信仰時，就不是這麼一回事了。信仰一定要實踐，可是又會感到事理不通。面對不如意的境界時，會有控制不住而覺得非起瞋心不可的感受；但當瞋心發過後又感到懊惱，只好懺悔自己的惡業。不過下次面對逆境時，同樣的事情還是會發生。我們就是如此反覆造業懺悔、懺悔造業，這些都表示了我們的愚癡。

一個真有智慧的人，必定是理論與事實相符合：通過理論，再以輕鬆的態度通過事相。無論面對怎樣的愛境與瞋境，內心都無一絲一毫的貪心或瞋心，在完全不需要忍辱的情形下淡然地處理這些事，佛陀即是一個典型的例子。再如彌勒菩薩，永遠都是那副笑容滿面的樣子，他曾說過：「有人罵老拙，老拙只說好；有人打老拙，老拙自睡倒；涕唾在面上，隨它自乾了；我也省氣力，他也無煩惱。」這即是真正的有智慧——事理無礙的境界（甚至可達到事事無礙的境界）。人若是到了這種程度，才是真正地懂得生活，那時在生活中所表現的每一件事都是正確無誤的。

我們會以為禪師們開悟後的行為很怪誕，其實不然。這只是一種自然地流露，發自內心的智慧，絕對不會有錯誤。遇到境界時，他們的心像一面鏡子，清清楚楚地顯出每個外境的真相，因此他們可以做出許多不可思議的事，可是這對他們來說卻是再平凡不過的了。我們與他們之間的生活態度不一樣，所以覺得他們的作為顛倒；但是在他們看來，我們的行為才是顛倒的。這就好像一個正常的人在一群瘋子的眼中看來是不正常，其實不正常的是瘋子。禪師與我們的情形也是一樣：顛倒的是我們而不是禪師，但我們這一群「瘋子」卻以為禪師不正常。

佛經上所謂的愚癡就是：如果我們不懂得使理論與事相相融合，即使對佛理有很深的研究也還是屬於愚癡。比如雖然我現在能夠告訴大家十一種善心所法，但我所做的很有可能是十一種惡心所法，因為我還沒有真正地證得智慧，因此我還是很愚癡。其他的佛教徒也可能面對這種情形。雖然如此，大家絕不要因為這樣就對佛教失望，因為佛法是最好的，不好的只是人為的事相而已，這本是有煩惱障礙的凡夫境界。我們要以這樣的眼光來看人（凡夫），再把崇高的理想放在經典、佛陀和其他聖賢人的身上，使心裡有個目標，然後才朝這個目標前進而不致於出現了解佛法愈多，退心就愈快的情況。

④慢：是「恃己於他，高舉為性」。傲慢的相，是自己抬高自己，與隨煩惱裡的驕稍有不同：慢是拿自己與他人比較，以貶低別人來抬高自己，以為自己比別人好。幾乎每一個人都有這種心理，即使別人實際上比我們好，我們也會以為自己不比他差。慢

的心所法有輕有重：有的人表現得很明顯，讓人感覺到他很驕傲，這已是非常強烈的慢心；別人感覺不到的並不表示沒有慢心，而是說比較輕微而已。在我們的日常生活裡，輕微的慢心是一定有的。輕微的慢心藏在內心裡，有時也會在有意無意間跑出來，因為這是根本煩惱之一。

當我們接觸外境時，根本煩惱會隨時與我們相應而產生不好的心理。當我們的心高舉時就會引起許多的苦，所以慢是以「生苦為業」。一個驕傲的人很難與別人相處，是因為他以為自己很了不起，因此便使他不太能夠進步，這是慢心所帶來的缺點。細的慢心之所以不易發覺和斷除，是因為它隱藏在內心，反而是已表現出來的強烈慢心因容易被發現，也就因此比較易於斷除。慢心的種類可分為七，前三種是慢心的層次，後四種是慢心的類別，解釋如下：

a.慢：「於劣計己勝，或於等計己等。心高舉為性」。這一種「於劣計己勝」的慢心是任何人都可能有的，因為與程度差的人相比，自己是真的比他好。不過，有修養的人絕對不會有傲慢的心理，他們能心存謙卑，知道自己雖然在某方面比別人好，但別人也有比自己好的地方。佛教裡的「常不輕菩薩」，便是學佛者所應學習的模範。在他來說，世界上的每個人都了不起，所以菩薩不會對世人生起輕視的心態。人總有優點和缺點，若以自己的優點來比較別人的缺點，當然是自己了不起，慢心也就這樣生起了。第二種「於等計己等」的慢心，是對與自己程度平等的人起「平等」的慢心，認為對方絕對不會超勝過自己。這兩種情形本是事實，但若執著於它就會起慢心了。

b.過慢：「於等計己勝，或於勝計己等。心高舉為性」。這種慢比前一種來得強烈：對於與自己程度平等者，總以為自己比較超勝；對實際上比自己超勝的人，又會以為自己與他平等，認為他的超勝只是某些原因造成，這正是所謂的「阿Q精神」。

c.慢過慢：「於勝計己勝。心高舉為性」。有這種慢心者，明明知道別人比自己好，但還是覺得自己比他好。

上面三種慢心，都是將他人與自己作比較而抬高自己。自己事實上比他人好或與他人平等而起慢心，這是我們幾乎無法避免的，但對「過慢」與「慢過慢」卻千萬不可滋長它們，它們都太過強烈了。

d.我慢：「於五取蘊隨觀為我或為我所。心高舉為性」。我慢是所有慢心中最牢固的一種，可說它是最根本的。它觀察五蘊即是「我」，也是「我所有」，所以我們才會與別人比較，也由此慢為出發點而生起其他種種的慢心。我們會有慢心，是因為有「我」在作怪——我們把「我」執取為有。這種我慢必然又會與我愛、我癡和我見相和合，而導致第七識的我見更深。所有的慢心都是抬高「我」而貶低別人，就是因為我慢本身即是一種很深的執著，它的根已經深深地盤結在我們的內心，所以很不容易斷除。

假如我慢能夠得以袪除，其他的慢心也就會不存在了。

e.增上慢：「於未得增上殊勝所證法中，謂我已得。心高舉為性」。若用常說的一句話，即是「未得謂得，未證謂證」。這種情形的發生假如是增上慢心所造成，佛陀很可憐他；假如不是，就成了大妄語（如對人說自己已得初、二、三、四果，或已得神通等），破重戒了！如果是因為增上慢而說這種話，即表示他很愚癡，對自己的境界完全不明白，所以並不犯大妄語。大妄語是有意欺騙眾生以獲得名聞利養，一個真正證得果位的人，不會輕易讓人知道他的真正身分。

f.卑慢：「於多分殊勝，計己少分下劣。心高舉為性」。這是一種很可憐的慢心，明知自己比不上別人，但又很不服氣這事實，而只承認自己只是輸了一著。舉個例子：一個百萬富翁與一個千萬富翁比較財產，當然千萬比百萬多出了九百萬，但百萬富翁卻說他們之間只是相差一個零而已。這種由自卑感而產生的慢心即是卑慢，這也是一般人多少都會有的。

g.邪慢：「謂實無德，計己有德。心高舉為性」。這種慢與增上慢有點相似。有這種慢心的人會以為自己很有德行，而實際上並沒有，如報紙上常登載那些被封上某某頭銜的人，祝賀他的賀詞往往都說他德高望重、德建名立等，但事實是否如此還是一個問題。當別人祝賀他德建名立而事實又不如此時，若他沾沾自喜，這即是邪慢。當然其中有許多是真正以德換來名銜的。

從上面分析的七種慢來看，可知慢心的範圍很廣。在我們的日常生活裡，幾乎避免不了與慢心相應，只要自己稍微抬高自己以貶低別人，那就是一種慢心了。折伏我慢非常重要，因它會阻止我們上進，就如增上慢者，自以為已證得了果位，當然也就不會再想上進。因此，只有革除慢心，我們才會真正一步步地朝學佛的路上行去。

⑤疑：疑是「於諸諦理，猶豫為性」，即對四諦等真理有所懷疑，不能接受，因此而不容易學佛，所以是煩惱心所法。經典對疑的評價有說好與不好：唯識學把疑列為根本煩惱，但在佛世時，佛陀卻要他的弟子們有疑問；禪宗也說：「小疑小悟，大疑大悟，不疑不悟。」這樣看來，疑又是好的。

把疑列入煩惱心所法，它的範圍只限於對佛法義理起疑而不信。另一方面，我們也可以對佛法的義理產生疑問，這沒有錯。佛法的義理很深，雖然能信受，卻也未必能完全明白，所以有疑問是必要的。佛陀很喜歡弟子產生疑問，而不強迫他們無條件地接受他的學說。雖然我們相信佛陀所說的最正確，但還是要從疑問中去探求更深入、更明確的真理，這才是我們真正學習佛法的態度。對於佛法，若無條件地全盤接受，很容易變成迷信，如拜佛並不是人拜我亦拜地盲從而拜，而要明白為什麼要拜，以及拜的意義是什麼。

目前的學者有一個很重要的觀念：研究學問並不是要找出全部的答案，假如能在研究的過程中找出它的問題才是有創見，才有學術的價值。所以，若是站在研究學問的立場，疑是必須有的，有疑才會進步；若是站在宗教信仰的立場，反而就要無條件地接受而不起懷疑。

佛在世時，佛陀要弟子以作學問的立場來接受佛教，而現在的我們卻要信徒以宗教的立場來接受佛教。禪宗的疑問是屬於疑情，是於修禪至某一階段時參話頭而生起的。疑情本從信心生，沒有信心就不會有疑情，如禪修師父教你參「念佛是誰」，而你對師父根本沒有信心，那就不會相信這句「念佛是誰」的話頭能使你開悟。對話頭沒信心，或對自己沒信心，也就不會去參話頭。所以修禪時，須對三寶、師父、話頭、自己和開悟具有信心。參話頭時，若能產生疑情才有希望開悟，否則只是把話頭當作念佛般不停地念，參話頭反而變成了念佛禪。這樣下去，就是念到「驢年」還是沒有希望開悟（疑情不起就不能有所突破）。

參「念佛是誰」的話頭時，疑情要能產生在「誰」這個字上，關於這種情形，大致上與下面的例子相似：有一天你碰見一個很面善的人，但你卻忘記他的名字，也記不起曾在哪裡見過他。這個時候就會生起疑情，心中一直不停地在尋找他的資料，絞盡腦汁要找出他是誰。參「念佛是誰」的情形也是這樣，我們知道「他」是誰，卻沒有辦法把他的「真面目」找出來，這樣一來，就會迫使自己一直去探索，直至得到正確的答案為止，那時我們稱它為開悟了。

疑情與懷疑不同，疑情肯定是在信心完全堅固的時候才會生起。當它生起而進入狀況時，整個人都會投入其中，那時會發現整個生活裡就只有一團疑情；甚至吃飯時不知其味，走路也不知方向，有如進入了一個黑漆桶，只有在打破了黑漆桶後，才會見到光明一樣。在那種境界時，自己就會像一個不懂事的孩子，非常需要別人的照顧，如果當時沒有師父在旁指導就會很危險。總而言之，疑問與疑情都是好的，懷疑反而就不是了。

⑥不正見：不正見或稱惡見，是對事理顛倒的推度，以染慧為性。不正見可分成五種，即身見、邊見、邪見、見取見和戒禁取見。「見」不是實法，假如它與正慧或正法相應，就是正見；對佛法的了解付諸實行，最後若體證了正見，那時正見即是般若。

正見在學佛的過程裡非常重要，沒有正見就不是真正的佛教徒。修學的過程是從正見入門，而最後證到的也還是正見，即是說開始時所依的是義理上的正見，修學圓滿結束時所證的則已是事理融會的正見了，而這唯有通過八正道的修學才能完成。所以，八正道以正見為首，以正定結束，意即只有通過正定才能體證正見。有許多高僧曾說他們重視正見，多於重視修證。只要有正見，往往都會有修證，而有修證卻不一定有正見，如有神通的人未必是佛教徒，也未必能解脫生死一樣。

其實，要有正見不容易，邪見要侵犯反而不難。一旦落入邪道後，再想轉過來回歸正道就更不容易了。因此，一個常以三法印來解說佛法的人即是有正見者，便值得我們常去親近學習以具足本身尚缺的正見。如果對方是以自己為主，而把本師釋迦牟尼佛放在後面即是邪見者，且是增上慢或大妄語者，我們就要多加警惕不受其影響，如一些附佛法外道就是一個很好的例子。現今的世間，真的是邪見猖狂、正見泯沒的時代。為了破邪顯正，我們就要把五種不正見轉化成正見。

學佛最不容易之處就是要保有正見，一旦有了正見，將會發現要實行起佛法來其實並不太難。而要得到正見，我們就要循著四念處、四神足等修行的方法一步步修下去，最後得到正見，完成修證。過程中如果發現其難處，往往是因為我們沒有很好地掌握正見。佛陀說：「我涅槃後，依四念處住。」如果我們真的能夠讓心安住在四念處裡，一切將沒有問題，也絕不會被邪見拉去。不正見往往來自我們對世間有常、樂、我、淨的見解，所以我們就要以無常、苦、無我、不淨此四念處的正見來對治它。如果我們能不貪戀世間，瞋心就發不起來；沒有了愚癡，慢心亦不生，疑更不會有了。若五種根本煩惱能因不正見的被祛除而斷滅，隨煩惱也會跟著消失，可見正見是多麼重要。關於不正見的詳細內容，解釋如下：

a.身見：梵語「薩迦耶見」，以「一切見趣所依為業」。薩迦耶即是「我」義，此見是於五取蘊執我、執我所，即是執著五取蘊為我。一般人都會執著身體，其實身體還只是五蘊其中的色蘊而已，精神方面還有受、想、行和識等四蘊的組合。如果我們執著五蘊，就會變成五取蘊，進而再執著五取蘊為我，我見就產生了。

我們可以發現到我見和我愛、我慢、我癡是四個好兄弟，它們天天都在一起，所以要驅逐它們實在不容易。在它們之中，又以我癡最重要，有了它，我們便不能對事理有所分明，也就因此才會有貪；有了貪又會執著我，執著我就會起我見，然後我慢也跟著生起。我們就在它們四兄弟的左右下過日子。實際上，我見之根已經深入我們的內心，並不容易斷除它，可從日常生活的一舉一動都離不開我見中，體會到它的存在。有了我見，眾生才會在死的前夕放不下這個身體。失去這個色身時，又會再去攀附另一個色身以便繼續活下去，因此就一生一生不停地輪迴。如果能將我見斷除，生死就解決了。

有了我見還會有「我所見」，這是從我見推廣出來的，一切與我有關係的事物都會被認為是我所有而緊緊地執取不放：不但執取正報，連依報也執著。有了我和我所見，其他的不正見也跟著生起，眾生因此去做種種事情，甚至是造惡業，自利的同時往往損他，這是我見深者所不易理會的一點，因為別人與他是沒有關係的。若我見能被打破，就能肯定在做任何事情時，都會先為別人的利益著想。

即使我們現在沒有辦法一下子就把我見打破，也不要讓「我」局限在一個太小的範圍內，至少讓它稍微推廣：在作惡事時，若想不到這對別人是有害，最少也要想到對不起自己的父母。若是這樣，就能減少造惡業的機會，同時也會漸漸地為別人、社會、國家、民族，甚至全地球的人類著想。至此，雖然我見還沒打破，至少它已經從小我推廣到大我了。不過，這個「我」終究要徹底達到無我的境界才完全沒有限制。

看透五取蘊是一個容易敗壞、隨時都在改變、無常的身體時，就可體會到無我的觀念。我們現在不是體會無我，只是知道，這還不夠，還要通過修行以達到無我的境界，那時才會懂得如何真正地生活。小孩過小孩的生活，少年人過少年人的生活，青年或老年人也都有他們各自的生活，這是精神上或思想上的層次；同樣的，當達到無我的境界時，體證者自然就會懂得該如何過無我的生活。所以，無我是屬於一種體驗，是宗教上的一個層次，也是心靈上的一種突破。在未達到那個境界之前，別人無法告訴我們那個境界，只有通過修行，親自體驗才有辦法。

b. 邊見：這是一個幾乎每個人都會有的思想問題。邊見即是邊執（執著一邊），即於身見「隨執斷常，障處中行，出離為業」。若不走中道，眾生就沒有辦法出離生死。如執著斷見，認為一個人只有一次的生命，沒有來生也沒有前生，人死即無；人的生命是唯物質而有，所以人死時物質毀滅，生命也就跟著結束了，這是屬於唯物思想。若執著常見，又會以為人死為人、狗死為狗，生命的型態永遠不會改變。婆羅門的思想即是以為人是從梵天所生，梵天生他是婆羅門即永遠是婆羅門，生為剎帝利就永遠是剎帝利。佛陀常常破斥斷、常兩種邊見。

從佛法裡我們知道並非人死即無，若也知道有前生和來世，就能破除斷見。佛法也說人死後，是依據個人的業力而升沉：惡業令之墮落，善業令之上升，如此的見解就能破除常見，但是這些邊見的破除很表面。從深一層來說，常見是每個人都有且不容易破除，只要認為過去的我便是現今的我時，這已是常見了。佛法說非常非斷，我們每個時刻都在改變：前一秒鐘的我已經不是這一秒鐘的我，在這前一秒與後一秒之間，我已經在改變，所以說非「常」；後一秒鐘的我與前一秒鐘的我又是同一人，後一秒鐘的我即是從前一秒鐘的我延續下來的，所以又是非「斷」，這實在是一個不容易理解的觀念。

再拿一個比喻來說：如一根點著火的蠟燭，前一秒的火與後一秒的火已經不一樣，但後火卻是前火延續下來的；因為它已不一樣，所以非「常」，又因為它有延續的作用，所以是非「斷」。如十年前的我已不是十年後的我，但十年後的我卻是從十年前的我慢慢演變出來的。雖然是如此說明，在日常生活裡，我們卻很難理解這種觀念，只有在聽講或思考有關方面時才會知道，所以要把「非常非斷」的觀念融入生活中並不是件易事。若能到達這種境界，整個人趣入空境，斷、常二見俱破而行於中道，那時執著便減少了。因為已經知道過去與現在不一樣，就能不再執著過去的事而煩惱。

佛陀在解釋生命時，常以火燒木的比喻來說明：當一根正燃燒著的木頭快要燒完時，若再加上另一根木頭，火就會一直繼續燒下去。人的生命也是如此：一期生命結束了，又會再延續另一期生命。如果有一天木柴全都燒完了，這把火將會到哪裡去呢？說有又看不見，說無它並非無；若再鑽木取火，它又出現了。以世間法來說，火是一種「能」，不能說「能」消失，因為實際上它是存在的，只是看不見。所以，對於生命這個問題的答案是沒有法子說清楚。

當有人問佛陀：「如來涅槃後，是存在或不存在？亦存在亦不存在？非存在非不存在？」佛陀都不作答，因為這是屬於境界上的問題。就如問阿羅漢涅槃後到哪裡去的問題一樣，若說阿羅漢涅槃後有住處，那是常見；若說無住處，又是斷見。佛陀或阿羅漢的境界，沒有辦法通過語言來解說。

有研究過佛教史的人都會知道，每一位淨土宗的祖師臨死前都會說阿彌陀佛已來接引，但禪宗的祖師們卻從未說他們將到哪裡去。修淨土的人所以有佛及國土可說，是由於阿彌陀佛的願力所致；修禪者若已經與空性契合，就沒有辦法說出來。佛法所說的非斷非常的境界，不但不能言說，連想也想不到。它已經超越人類的思想和語言的範圍，只有證得的人才會清楚那是怎麼一回事，這種境界我們稱為「心行處滅，言語道斷」。

在佛陀所證的「畢竟空」境界裡，沒有佛道和涅槃，世人難以理解，故《金剛經》說：聽到此經而能不懼不怕，此人的善根非常深厚。佛陀在無可說的情況下，善巧地用了兩個方法來說明：一是先從唯識的「有」下手，再慢慢地加以解析，最後即能證到「空」。這就如同將芭蕉樹一層層地剝下來，最後發現是空心的一樣。另一個方法，即以一般稱之為「真常唯心」或「真我」來起修佛法，這是說每一個人都有機會成佛，而成佛後就會生到常寂光淨土。佛法的究竟了義處是「空」，但了解的人畢竟太少，尤其是中國佛教徒，他們在不能完全接受空的修學時，便另拓途徑修習真常唯心的思想，故有「人人皆有佛性、皆可成佛」的說法，不過相信到最後所證的是一樣的。

「非斷非常」的中道思想不易直接被體會，佛陀為了容易說明，便以「無常」的道理來破除斷、常二見，因為無常的觀念不易使人陷入邊見。總之，我們應該有非「常」的觀念，卻又不可完全否定或分開其前後的關係。

c.邪見：邪見的範圍很廣，凡不屬於身見、邊見、見取見或戒禁取見的錯誤見解，都屬於邪見，即謗因果、謗作用、謗事實及四見之外的一切邪執。佛世時，大部分的外道都謗因果：他們有說無因，也有說無果。凡是說上帝造人及眾生的理論即是否定因果，上帝是一個因，而眾生卻是許多的果，一因多果不能成立；又有些是宿命論者，他們以為命運已經註定，沒有辦法改變；有些是斷滅論者，他們以為人死一切也就歸於無。以上這些都是不正確的看法：說上帝造人者是「二世論」，說人死即斷滅的是「唯物論」，說三世的生命都是註定的則是「宿命論」。

世人因為有邪見，所以許多人都喜歡相命、看掌紋的把戲，雖然這有其原理在，但如果過分地相信，即是邪見。佛法不否定命運，卻不認同命中註定。佛法認為，業力是一種不可思議的力量。當一個人生下來時，業力會在他的面相或掌上現出某種徵兆，一個有修養或修持的人就可以看得出來。如佛陀和羅漢入定時，即能觀察一個人的將來，但他們不會說出來，因為一旦說出來即成了宿命論的邪見者。雖然造什麼因、得什麼果是不可避免的事，但並非無法改變，只要理解因果的道理，命運是可以改變的。如此一來，即能打破「謗因果」的邪見而接受種善得善果、種惡得惡果的因果正見。

其次是「謗作用」：此「作用」與因果也有點關係，它是從唯識學的立場來說。唯識學說業力有如種子，而種子都有作用，即發芽生根；同樣的道理，造業後就要接受果報，這即是業力的作用。再來是「謗事實」：世間的確有佛、菩薩、羅漢等果位可修證，這是不容否認的事實（即使否認，它還是事實）；佛法的真理亦不容否認。佛法是佛陀發現的真理（不是發明），就好像牛頓發現地心引力一樣，在他未發現前地心引力本來就存在，只是平常人沒有發現而已。因果業報的真理也一樣，不論相信與否，造了業後總要接受因果的報應。

除此之外，我見、邊見、見取見、戒禁取見「四見」之外的一切不正確見解，都是在邪見的範圍內；換句話說，凡見解不符合佛法或宇宙的真相都是邪見。一個學佛者可能學佛很久，但還是無可避免會有一些邪見，此正所謂的「知難行易」。有了邪見而欲了生死是不可能的事，唯有得到正見，了生死才不再是什麼大問題。

以上三見的道理雖然我們都知道，因為不是真正地認識或體會，所以學佛了還是無法完全斷除。

d.見取見：是對前三見的一種執著，即說不僅有身見、邊見及邪見，還緊緊地執取它。所以，它的體性是「於諸見及所依蘊，執為最勝，能得清淨，一切鬥爭所依為業」，即是把所有的不正見執著得很深，且把它當作是最殊勝、最正確的看法。這樣的見解比前三見執著得更深，不但有不正見，且還深深地執取。一般人若有了不正見，如果不去執著，是不會形成見取見。大致上說，學佛者沒有見取見。前三見裡，除了身見與邊見裡的常見外，學佛者不會有其他的邪見。一個人若有了前三見，又沒有機會學佛，就會深深地執取所見的是正見，這即是見取見。

佛世時，有一種斷滅論外道不只講斷滅論，還執著它為最高、最殊勝的見解，這種見取見佛法稱之為「非果計果」：他們還沒有得到正果，卻以為已從所研究和修證的法門得到聖果，於是便執取它以做為宣傳的立場或思想的根柢，這完全是一種錯誤的見解。由於見取見是對自己所得的見解深深地執著，往往不能接納別人的見解，於是便會引起見瞋。比如某些宗教徒會執著自教的教理是最正確、殊勝，認為別教的看法不對；若別人有與他相反的見解時，他們就會不快樂而引起衝突，這即是所謂的狂熱教徒。他們的執著即是見取見，所以他們時常會與別人鬥爭。世界上許多戰爭都因見瞋而起，尤其是中古時代的歐洲十字軍東征與回教軍打仗的時期，更明顯地看出雙方見取見之深（直到現在這種現象還是存在）。由此可見，凡見取見愈深者，見瞋也愈深。

e.戒禁取見：以佛教的立場說，戒與禁本來沒有錯，戒禁是止惡，若對戒有執著那就不對了。戒主要的意義是禁止為非作惡、損害別人的行為，若做不到這點就不能把戒持好，反而為之所綁。佛世時的六師外道，他們的戒有些很奇怪，如為了修苦行而持狗戒、牛戒等。當然，苦行如果是以正確的方法修習是沒有錯，佛陀並不反對迦葉尊者修十二頭陀行。不過，對戒了解得不夠，就會發生莫名奇妙的情形：外道持狗戒，就學狗吃大便；持牛戒，也學牛吃草，這就失去了持戒的意義。如果持戒者有這樣的見解，即不正確。

持戒是為了避免損人利己，以菩薩的立場說，不但要如此，還要進一步利益眾生。

若能把握這兩個原則而持戒，會發現持戒是非常好的行為。佛陀制戒是很明智的作法，如果我們研究唯識學後再來研究戒律，就會發現它們的關係很密切：唯識所說的心所法是直接探討我們內心的煩惱，把其中不好的一面清楚地顯露出來。若了解這方面，就會明白佛陀為何要制某一條戒——即是為了對治某一個煩惱。若缺少了這一條戒的約制，而任這個煩惱心所法自由發展，就會導致我們以後要遭到重大果報的後果，而這個果報亦會使得我們無法了脫生死。明白了這一點，就會發現戒原是很活潑的規律，否則就會以為戒是死板的條規而被綁死。

北傳佛教不重視戒，因為沒有認真地了解戒的精神；南傳佛教則過分強調戒，也不是真正了解戒的意義。北傳佛教著重持戒的意義，如不飲酒戒就不單單指酒，而是統指一切麻醉和刺激作用的飲品或藥物，包括不抽菸、不抽鴉片和大麻之類的毒品；南傳佛教則不然，他們執著戒條，以為佛陀只說不飲酒，所以他們除了不飲酒外，還可以抽菸。若只是以文字來解釋戒條，佛教裡的許多戒條就無法表達出它們真正的意義，這是很遺憾的，同時也難免要落入戒禁取見了。

另一方面，南傳佛教持戒的嚴格，又是北傳佛教所不能比：南傳是過分地嚴，北傳則是過分地鬆。我們所要的是中道，所以要找出戒律的精神，同時對戒條的條文要有正確的見解，且能適應現代的生活。若能如此持戒，就不會變成死板的人，也能把握到戒律的精神而又不違反佛陀的禁戒，這樣才是真正地沒有戒禁取見。

若以持戒為標榜，亦屬於戒禁取見。中國佛教向來不重視「過午不食」這條戒，如果能以持午來表現自己，即是標榜自己，也表示自己不了解這條戒的意義。除開持午這條戒的涵義不談，持午對個人的修持和健康是有很大的幫助：下午不進食，只喝飲料而讓腸胃適當地休息，這對健康有益；同時，如果下午不用勞作，不需要耗太多的熱能，這段時間內若不吃東西，要打坐、拜佛都會比較輕安。可是若以自己持午的行為而毀謗別人不持這條戒，這就錯了。持戒實際上是規律自己而不是規律別人，如果是站在善意的立場規勸別人，把自己因持戒而得到的好處和利益介紹給別人，就沒有錯；否則即是自我標榜，且是戒禁取見之一。

我們應知道在律制的生活裡，若有人犯戒是要在布薩時由大家來檢舉，不是當眾的責罵、毀辱。持戒嚴謹的弘一大師，不但在中國佛教界裡沒有人比得上，即使在世界佛教裡，也難找到第二人像大師那樣嚴謹地持戒。大師不但持戒持得好，且有深入的研究，可是他從未因此而標榜自己，反而認為自己只是循著佛制實行，還謙虛地說：「我只是多分的優婆塞。」以大師持戒的嚴格來看，大師認為自己有時還會犯上一些輕微的戒，這對我們來說並不重要，但對他來說卻是非常重要。所以，他才會覺得自己還只是多分的優婆塞。像弘一大師如此一位戒律學權威尚且不標榜自己的偉大，才是真正地了不起。戒雖然不易持得好，但我們還是要盡力而為，這本是應該做的，了解這些，才不會有戒禁取見的可能。

之前的貪、瞋、癡、慢和疑名為「思惑」，比較不易斷除。五種不正見，名為「見惑」，都是見解上的錯誤。見解的不正，許多是由於邪師的誤導，當然也有俱生的（如身見和邊見），不過與「思惑」相比，它較容易斷除。若能斷掉見惑，生死就解脫了，不過這只是慧解脫（知見上的解脫），還不是俱解脫。所以，我們還要進一步得俱解脫，即連前面的思惑亦一起斷去，那時所得的解脫便是心解脫，才是完全的解脫。

總結以上所說，修行者首先即要建立起正見以驅逐不正見（見惑，或稱五利使），甚至斷除它，進而連思惑（亦稱五鈍使）也斷除來達到完全的解脫。由此可見，不論是心或知見上的煩惱，皆是不易斷除的根本煩惱。

(5)隨煩惱心所法

五、隨煩惱二十者。一忿，二恨，三惱，四覆，五誑，六諂，七憍，八害，九嫉，十慳，十一無慚，十二無愧，十三不信，十四懈怠，十五放逸，十六昏沉，十七掉舉，十八失念，十九不正知，二十散亂。

隨煩惱心所法可分成三大類：小隨煩惱、中隨煩惱與大隨煩惱。小隨煩惱的相粗，在我們生活中時常爆發出來的煩惱都屬此；中隨煩惱有兩種；大隨煩惱有八種，是較深的煩惱，不易被發覺，但卻比貪等五種思惑較粗。

小隨煩惱不遍染心與善心，各自行起，遍位有所局限。它們的情形是各自遇境即發，而不是遍於染汙心或不善心。小隨煩惱的生起不一定有惡心或不淨心，許多只是很深的習氣，甚至如「智慧第一」的舍利弗有時亦會出現小隨煩惱之相。小隨煩惱所遍的範圍比較狹窄；中隨煩惱只與不善心相應而起，作用略比小隨者大，只要惡心生起，就一定包含了中隨煩惱在內（因為作惡時，一定是無慚無愧的）；大隨煩惱遍與一切染心（不善及有覆）相應而起，作用廣大，因為它與根本煩惱同時生起。

i. 小隨煩惱

①忿：「依對現前不饒益境，憤發為性」，即所謂的憤怒。瞋心本是一種很微細的作用，有瞋心時，別人並不一定知道，因為瞋心沒有表現出來。但它會現出粗的作用，即是忿心所的產生。當不如意或對自己有損的境界出現，而令自己現出憤發、衝動的相時，這即是忿了，可見忿是從瞋心而來。忿心所只於當下的境現前時才發生，過後即刻消失，也不留下痕跡。許多人都會有忿心所法，若沒有不如意的境現前，它就不會表現出來；若忿心所法在境界過後還不能平息，它就會進一步變成第二個小隨煩惱心所——恨。

②恨：「由忿為先，懷惡不捨，結冤為性」。如果把別人罵過自己的話時時記在

心裡不能忘記，這即是一種恨。恨即是把憤怒的心所保留著不使它過去，更把不如意的事緊緊記住。佛陀很不喜歡他的弟子有恨的心所，所以教誡他們說：學佛者尤其是出家人，不應該有恨心所法，所謂「憎無隔宿之仇」——昨天不愉快的事，今天就把它忘記。即使是很大的吵鬧也不要把它當作一回事，到了今天凌晨十二時，昨天的一切也就成為過去了，不要再記起它。

佛陀不許弟子們把昨天不如意的事帶到今天來，因為既可帶到今天，也當然可留到明天、後天……甚至一直保留不失。如果時時刻刻心裡都在恨著一個人，那將要如何修行呢？尤其是打坐時，若經常有煩惱現前（所恨的人或事一直現前），只有令心更加煩惱，所以要盡量使忿心所不會變成恨心所。

心胸狹窄的人特別容易生起恨心，恨心也會因生理的變化而起。到了十一至十五歲之間的女孩子，常有這種現象：如果老師打罵她們，她們會記恨在心。那個時候是女生的發育時期，心理上會特別敏感，只要有一點不對勁，就足以令她牢牢地記住，這種恨的心理並不容易斷除；男生到了十四至十七歲之間，同樣的現象亦會出現。

所以，到了中學，老師就不再打學生，也盡量不罵學生，為的就是避免讓他們記恨。處於這個趨向成熟時期的學生，好壞就全靠自己了。由於忿與恨的心理作用，使這些學生不能接受老師的好意督促，甚至會因此與老師結怨，這已是很普通的一種現象。

有了恨心所，心裡就會有像火在燃燒一樣的熱惱感覺，被恨者不會感覺到苦，反而是懷恨的人就會很苦了。

③惱：「忿恨為先，追觸暴熱，狠戾為性」。忿是最初表現出來的一種相，恨時是已經將它放在心裡。恨只是自己的事，還不致於傷害別人；若進一步使它變成惱時，就會想法子去傷害別人，此時惱已轉成「害」了。可見，惱時計畫還是藏在心裡，害時就已經表現出來了。從忿到害這四種心所法的活動，其實就是一連串的心理過程。

凡有報仇的心理即是惱心所，這就不只放在心裡形成恨那麼簡單了，還要想辦法整治別人或令他倒楣一番以洩心頭之恨。我們把這種心理比喻成蠆（一種尾巴有毒刺的昆蟲），若被牠刺中就會有中毒的現象，俗語說：「寧可得罪君子，不可得罪小人。」因為小人不單忿恨，還會惱害。惱心所很普遍，每一個人都可能會有這種心所。

佛陀曾說隨瞋心而起的煩惱有四種，即忿、恨、惱和害四種心所。佛陀勸我們即使不能完全制止這些心所的生起，至少也不能有惱和害兩種心所；至於恨，則盡量不讓它久留；忿是多數人會有的。一些人的忿深藏在心而不形於色（有可能他的忿恨心已達到極點）；另一些人則是將它爆發出來，可能因此而不再起恨心，因為他的憤怒已經發洩了。四種隨瞋而起的煩惱心所，有由粗而細、由淺而深，粗和淺的時候，損害自己較多；反之，細且深時，就會損害別人。由於它們是隨瞋心而起的，所以都屬於假法。

④覆：「於自作罪，恐失利譽，隱藏為性」，即把自己的罪惡掩蓋，以免被人知道而失去面子或利益。一些犯惡的人，都會想盡辦法掩飾自己的惡行，即使罪惡已經顯露了些也還要盡量掩蓋，甚至上了法庭，還要聘請律師為他遮掩罪惡，或用錢買通對方以求讓事情在無人知道下不了了之。這種心理，相信所有的人都會有（也就是一般所謂的虛偽），因為不敢把真實的情形告訴別人，讓人知道。

通常每個人都有自己的祕密，可能這些祕密即是他個人的缺點，所以不能讓人知道，以免暴露了自己黑暗的一面，就像底片不能曝光一樣。有了覆心所，就會經常想辦法掩飾自己，以免失去許多利益，尤其是名聞利養。當一個人盡力掩飾自己，而另一個人卻揭發了他的祕密時，揭發者當下就成了對方的仇敵，會被他仇恨一輩子。所以，除非是在不得已的情形下，否則還是不要揭發別人的祕密為好（他不會因此而感激你），以免樹立敵人；或者是好朋友，為了幫他改過，不讓他掩飾錯處而揭發他，這樣做是對的。不過，可不能當眾揭發他，這會使他惱羞成怒，非但收不到好的效果，反而反目成仇。這即是覆心所在作怪之故。

幾乎沒有一個人能把覆心所斷去，除了佛菩薩和羅漢，因為他們的行為皆已清淨，沒有必要覆藏什麼，也就沒有覆心所。而我們的行為還有汙染的一面，所以會想要覆蓋它。但是覆並不好，因為覆蓋得愈久它會愈臭，勇於承擔反而會好一點。過團體生活的人比較少有這樣的情形，若是單獨住在一間房間，又有不輕易讓別人進入他房間心理的人（因為他的房間藏了許多他的祕密，就如日記藏有很多個人的祕密而不許被人看一樣），煩惱會比較多。沒有覆心所的人煩惱會較少，因為最低限度他不必為覆藏自己而煩惱，不像常犯錯的人，覆心所會較重，煩惱當然也多了。

佛陀時常教誡弟子要袪除覆心所法，所以在僧團生活裡便有半月誦戒（布薩）的儀規。布薩時要把自己的錯誤報告出來，然後向大眾請求懺悔，如果大眾一致接受自己的懺悔，罪惡就清淨了。如果在自己不知道或有意覆藏罪惡的情況下，有人揭發自己，也必須當眾承認；反過來說，如果別人也幫著自己覆藏，他也犯了錯誤，這時若有人知道而揭發它，兩人同樣要懺悔（不過，幫忙覆藏的罪會較覆藏的輕）。

曾經看過一則新聞：有一個人擁有軍火，他的兩位同事雖然知道卻沒報警，結果除了擁有軍火的人有罪外，這兩人同時也被判五年監禁。這樣的情形在佛世時就有了，只是現代的人覆心所愈來愈強，佛陀定下的律制生活已經沒有辦法實行，尤其是現今的中國佛教所過的已不是傳統的僧團生活了。

有覆心所的生活並不好過，因為它會帶來悔惱；有了悔惱，就會常為自己的過錯而不安。舉個例子來說：一個有皮膚病的人，若能公開讓大家知道他的病情，會比覆藏著不說以讓人自動發現來得更好。人需要知交，就是為了有個對象可以訴說自己的祕密。

其實，人本來並不想保有太多祕密，只是缺少了知心朋友。普通的朋友很可能因為知道你的祕密，而對你有所威脅或不利；知心的朋友卻會給我們安慰和鼓勵，因此我們就會放開自己的祕密，祕密有人分擔了，心裡會頓覺輕鬆不少。

作惡的人，若覆藏得愈深，他的悔恨就愈多，良心的責備使他不能安心，所以承受的痛苦也多，造成他快樂不起來；相反的，一個明朗的人會過得比較快樂，他不只盡量減少犯錯，即使犯錯了也不掩飾而公開懺悔，所以心裡就沒有罣礙，事情也就很快過去了。總而言之，覆心所是依貪和癡而有，因貪名聞利養，害怕會失去它；又因為愚癡心作祟，才會隱藏自己的過錯。

⑤誑：「為獲利譽，矯現有德，詭詐為性」，即是狂妄欺騙。為了得到利益和名譽，可能現出有道德、有智慧的樣子來使別人以為自己真的了不起；也或許因為別人的卑視，心有不甘才矯現有智有德的相，這些都是假裝的，因內心並不是這麼一回事。這種情形就像替自己打廣告一樣，時時表現自己好的那一面，其實這些是一種虛偽的作風。人的虛偽相很重，因為有貪和癡：之前總百般地覆藏罪惡，現在又相反，百般地顯露自己的道德，或製造有德的一面來給人看。不論是覆或誑，目的都是為了名聞利養——覆只是怕失去，誑卻是為了得到。

一個人是否真的有道德或有智慧，並不是從他在大眾面前所表現的來了解，日常生活裡的行為才是他真正的面目。如果他平時也保持著這種有德有學的態度，這才是真正所謂的「平常心是道」——道已經深入他的內心，成了他日常生活的一部分，如此才是真正了不起、真正有修養的人。佛陀在他的一生中，從未在別人的背後顯露出不道德的樣子，也不覆藏自己的過失，更從不在大眾面前表揚過自己。

誑亦是貪與癡上假立的法。如果人能除去誑心，把自己本來的一面展示出來，別人反而容易接受自己。人還是凡夫，不可能完全沒有錯誤，有錯就需要改過，絕不是覆藏了事。另一方面，自己好的一面並不一定需要表現，而是讓它自然地發展下去，這樣便不是誑。關於自己的修行工夫或有了不起的地方，如果把它融入日常生活裡，別人自然能從自己的行為與言談裡發現它，並不需要什麼狂妄標榜。若有缺點，讓它發露出來反而有好處。缺點就像糞便，不但蓋得愈久愈臭，且會變成毒素危害身心；如果把它暴露在陽光底下，糞便就會變成肥料。同樣的道理，有膽量發掘自己的缺點，缺點便會變成上進的增上緣。

覆與誑看起來是兩種朝反方向進行的心所，但它們同屬貪與癡的成果，同樣是虛偽不實，同樣是為了名聞利養。我們的心理常會出現這兩種心所，它們的顯現有時是自然而不是故意製造的。煩惱心所的力量強，已熏成習氣，遇到境界現前時它就自然現形。無論如何，對於它們的存在，我們只能盡力減少和避免。

⑥害：「於諸有情，心無悲愍，損惱為性」。害心所不是一時就生起來，它必須從煩惱心所引發。

⑦諂：「為罔他故，矯設異儀，諂曲為性」，即俗語說的「捧大腳」。為了某方面的好處，所做的一切都盡力討好、奉承對方，以便從中得利。其實自己所說的和所做的一切都不是真實的，只是一種罔騙；而被你奉承的人，實際上也不如你所說得那麼好。人因為有貪、癡，所以總喜歡別人的稱讚，也喜歡奉承別人。如果自己的諂曲得逞，對方就會給自己一些好處，因此為了貪求利益或名譽，有些人會做出不是自己本分和能力所及的事，俗語稱這些人為「小人」，而這些人往往都跟在富有、顯赫的人身邊。

有諂心的人不是真心的朋友，他只會在我們有好處時來奉承或討好我們；如果是倒楣的時候，就會離開我們遠遠的，甚至還落井下石。諂曲的人分不清是非，只是附和別人的喜好，所以他是愚癡的；又因為諂曲是為了謀取好處，所以又是貪求的。總之，諂是從貪、癡兩種根本煩惱假立，除去貪、癡，諂心所就生不起來了。真正有修養的人，對於別人的稱讚、討好，即使那是事實也不會為之動心。佛陀就是這樣的人：別人毀辱或稱讚他，甚至用種種的方法對待他，他都不會為之所動，所以說佛陀是「八風」吹不動的聖人。有諂心的人不會以正直心對待別人，他的心總是彎彎曲曲的。

⑧憍：「於自盛事，深生染著，醉傲為性」。憍與慢是同出一轍，但並不完全一樣：傲慢是拿自己比較別人，憍則是對自己好的一面有很深的執著，自以為了不起。每個人多少有些優點或長處，雖然不一定會拿出來與人比較，卻會去執取它。自己執著自己的長處會成為煩惱，如有成就的藝術家或畫家、音樂家等多有怪癖的脾氣，即是憍心所在作祟。當這些人以為自己的作品了不起時，就會有染著的心理，他們不只會很珍惜自己的作品，更會執著那些值得自己驕傲的成就。

由此可見，長處愈多的人，憍心所成長的機會愈大。憍心增長時，慢心往往也會跟著增長；而當慢心增上時，他就會批評別人的不是，不管別人的作品價值如何，總認為比不上自己的價值高，這就如俗語說的：「文章是自己的好。」（即使那是最差的）

憍與慢會在一起，是因為只有在自覺了不起的時候，才會有傲慢的心理（也有些人是因為自己沒有值得憍的地方而起傲慢心）。若細心地看，憍的來源也還是貪，憍最重要的地方是對自己的盛事，如聰慧、財富、權力、技能等有染著，這些都是因貪愛而引起。一般聰慧或有財富的人，都不易結交到知心朋友，他們不輕易與人交往的原因，即是都有憍心——對自己所有的一切深深地執著，他們會以利益做為交友的標準，所以貪的習氣也深。凡是貪習重者，都不容易結交朋友，別人又看不慣他的勢利，所以也不願與其交往。若有這種心態，即表示自己也有憍心，因為自己有憍心才會覺得別人有憍心，這即是所謂的類聚。

⑨嫉：「殉自名利，不耐他榮，妒忌為性」。嫉最主要的即是不耐他榮，別人一有好處自己就不高興。最普通的現象就是學生考試時的競爭，尤其是考前幾名的同學競爭得更厲害，一、兩分之差便可能決定勝負，所以分數都要保密。這即是妒忌的心所在作怪。不過這些都是輕微的，嚴重一點的即是男女之間的妒忌：如一個丈夫有兩個妻子，這兩個妻子會因為妒忌而不能和睦相處（當然也有例外，只是比率少之又少）；一個家庭裡若有妒忌的現象出現，將永無寧日。

我們有時候就是被妒忌心整得煩惱重重，不能自覺。人都有好勝的心理而不願被排擠，當別人超勝自己時就覺得滿不是味道，但實際上又無法超越別人，就只好以妒忌來發洩了。當自己正妒忌時，心裡的感受是痛苦的（其中的苦就像憤怒時有火在內心燃燒一樣，所謂「忌火中燒」），即使看到對方也會苦得不得了，這即是從妒忌而來的「怨憎會苦」，那是很令人難過的。

妒忌屬於瞋心的一分。佛陀說要除去妒忌的心所法，就要經常學習隨喜功德——對別人的成就要隨他歡喜，可是這並不容易做到。妒忌心重的人很快就會表現出來，輕者雖然不太會表露，但並不是沒有。如果一個人說他沒有妒忌心，那可能就是一種覆藏的心所法，或者他可能還沒有發現到自己真正的面目，或忽略了自己的心理活動。實際上，凡是對別人稍有不服氣的感覺就是妒忌。如果沒有研究過心理學或常修禪定的人，很難發現自己的心理現象是怎樣的情形。

在百法的心所法裡，我們會發現裡面的煩惱心所幾乎每一個自己都有。只要心稍微定下來，就會發現自己的每一個心所的活動現象是一忽兒這樣，一忽兒那樣地不斷改變。我們的心理活動沒有停止過，稍不留意，煩惱便會現形。當一個剛學佛的人發現自己原來有這麼多煩惱而又無力斷除時，那真是一件最痛苦的事。

煩惱心所若要生起，是不會讓我們有時間去準備；即使外境不存在，它要生起時就會立即生起，我們愈想驅逐它，它愈緊跟著。如果能在這方面多下點工夫，日子久了，我們就會對自己的心境歷歷分明，煩惱心所如何來去，我們都會清楚地知道。如果它來時我們能不理會，它去後也不追憶，我們的心境就會比以前好多了。雖然如此，它只是現在成為過去，以後還是會出現，畢竟我們還沒有能力斷除它們。

再給嫉心所舉個例子：當演講比賽進行時，若我們見到別人講得比自己好，或發現自己的表現差，心裡會不舒服；若評判的結果自己被壓在別人的下面，那就更覺得不舒服；如果在賽前自覺有把握拿冠軍，結果只拿了個安慰獎，這時對那幾位勝過自己的得獎者，就會覺得如仇敵一樣地難以容忍，這些都是妒忌的緣故。

人常有幸災樂禍的心理：若是自己不喜歡的人倒楣，那是最快樂的事；一旦他有好處，心裡就不好受（即使對方是自己的兄弟姊妹或好友）。幸災樂禍也可以衍生妒忌心，只要是別人比自己好而心裡又有怪怪的感受時，就是妒忌心生起了，只不過它有輕重之別而已。若別人的一切比自己好時能生歡喜心，比自己壞時又有同情心，這就不是妒忌心了。

真正說起來，只要貪、瞋、癡不能根除，所有的惡心所法都會存在，只不過其中有的強烈，有的微弱。瞋心重者，忿、恨、惱、害的心所也重；貪心重者，覆、誑、諂、慳、憍心所會較重；兩者不相上下，小隨煩惱都會強烈地生起來。一般，除了某一種根本煩惱特重外，每一個人都會有其他的根本煩惱。因此，所有因這些根本煩惱而起的惡心所法，都可能在同一個人身上發現，只不過特重的那一個根本煩惱所引生的小隨煩惱較重，其餘的就較輕（因為它們不會在同一個時間生起來，所以我們往往會忽略了那些較輕微的）。從另一個角度看，我們當然也有好的心所法，所以有時才會想幫助別人、隨喜功德、精進修學，也有慚愧心，這些都是因為善心生起的關係，不過它們會比惡心所弱。

⑩慳：「耽著法財，不能惠捨，祕吝為性」。世界上有許多貪心的人，但有些人不只貪心，還很吝嗇。貪是希望得到別人所有的，慳卻是不肯把自己所有的施捨。有些人雖然貪，卻也能做布施，但慳心重的人連一毛也不捨得布施。慳有時是慳錢財，有時是

慳佛法或學問，如愈聰明的人就愈捨不得把自己所懂的與別人分享，這種人的心胸無法擴大。總之，凡是不肯惠施都屬於慳。

以上十種皆屬小隨煩惱，是所有煩惱中，相最粗且最易發現的。

ii.中隨煩惱

中隨煩惱有兩種，它們與不善心相應，即說凡有不善心生起或欲造業時，這兩種心所都會隨之而起。

①無慚：「不顧自法，輕拒賢善為性」。不尊重自己、不愛護自己，也不依照佛法所教導的修行（無意學習或實踐），反而把賢善的事排斥、避開或拒絕，這樣就很容易生起惡行。無慚心者對有德的賢人、聖人或佛法都無意接受，也不認為自己應該行善，於是就很容易造惡。所以，才說一個無慚心的人失去人格後，就與禽獸沒有分別。依佛法來說，人之所以為人是由持戒而來，若不懂得持戒，便是不懂得止惡行善，當然就與禽獸或三惡道的眾生沒兩樣，因為三惡道的眾生都是由造惡業而墮落的。

無慚心者，他的一生可說是沒有多大的意義。生活要過得有意義和價值，才是人生最重要的一部分。若一切都依業力的安排而混混沌沌地度過一生，不知向上，反被煩惱驅使而下墮，就失去了人生的價值與意義。我們的業力與煩惱都很重，在這兩種重力將我們往墮落處拉的情況下，想要向上向善就不容易了。所以，我們應時時保持慚心，否則就很容易隨順著業力、煩惱和欲望而墮落。人能生在世間本是善的事，但是如果不行善就不名為人了。所以，「人」這個字應該是包含著善的意義在內。

②無愧：「不顧世間，崇重暴惡為性」。世間上有許多法則是我們應該遵守的，這些法則出現的目的就是為了使人類向善（儒家在世間法的發揮上就有其非常好的一面）。但許多人都不能遵從禮節和善行來執行人生的任務，相反地崇重暴惡，不尊重行善者。

一般人都會認為戰爭是很可怕的事，但就有人偏偏要製造戰爭或欣賞戰爭，這一類人即是無愧心的人。他們很容易造惡業，因為他們根本不在意世間的非議，只要是對他有利，一切笑罵由人，還是我行我素地進行他的勾當。這一類人比無慚心者更為可惡，因為由無愧心引起的惡行更加嚴重。

有時，人會在沒有慚心下犯錯，但一般都會有愧心，所以還不敢在大庭廣眾面前犯錯，因為怕大眾的指責。但對強盜來說，他們不但沒有慚心，也沒有愧心，所以當記者在他被捕後拍照時，還能裝出一副英雄的姿態，這就是沒有愧心的人的作風。如果他多少還有點羞恥，就表示還有愧心，還有改過的機會，但完全沒有愧心，便真的是無藥可救了。

人雖然有慚愧的一面，但也有無慚無愧的另一面，所以有時還會犯錯。從口造惡行、身造惡行或心裡造惡行時，他的慚愧心已經消失，與他相應的反而是無慚無愧心。不過，多數還不致於是無愧心，只是無慚心而已；如果連愧心也無，即表示他已經是壞得很嚴重了。若人真能到完全不造惡業的境界時，才是真正已經祛除無慚無愧心，此時也即表示他的內心是真正與慚愧心相應。

iii.大隨煩惱

大隨煩惱共有八種。此八種心與不善心相應，也與染心相應。它的相較中隨煩惱細，屬於比較潛伏性的，不能一下子就發現它；甚至當它生起了，我們可能還沒有察覺到。因此，它的性相也就與根本煩惱較接近（實際上根本煩惱無法說得清楚，它是我們內心最深最細的心所法）。

①不信：「於實、德、能，不忍樂欲，心穢為性」。此種心所與善心所的信心剛好相反：有信時，心是清淨的；不信時，心則是汙垢的。若不信三寶的清淨功德和實在性，也不相信自己有能力，心是不容易向上的。一個沒有信心的人很容易墮落，故說：「寧可迷信，也不可不信」，即使愚夫愚婦們對宗教的信仰沒有真正的理解，而只是迷迷糊糊地信仰、膜拜而已，這種行為也有它的意義存在——他們的迷信始終有個目標。

中國人雖然對因果報應的道理不十分明瞭，至少懂得「善有善報，惡有惡報」的原則，相信「舉頭三尺有神明」，所以想要作惡時都會有所顧忌，甚至不敢作惡。反之，連這些觀念也沒有的人，作惡起來便肆無忌憚，那又有什麼惡事做不出來？其實，若我們已真正深入了解因果報應，根本不會害怕因果，因為明白造惡因必定招來惡果的道理，不敢輕易造惡。既不造惡，又何須害怕因果報應呢？這就像知道法律上的懲罰有死刑、無期徒刑等，只要自己不造惡事，種種的懲罰又與自己何關呢？

深解或體驗過佛法的人明白因果必須自己負責，別人是無論如何也代替不了，因此會減少造惡；即使已經造惡，也不會感到懼怕，自己對所作的事負責，且惡報肯定有過去的一天，又有什麼可怕呢？這樣一想，心自然就會清淨不少，信心也會更加堅強，但沒有信心的人就不容易做到這一點。凡是沒有信心或信心不足的人，隨時都會有作惡的機會，因為他不相信實與德，也不信自己有淨化的能力，當然更不會想到要改過向上了。不信有此作用，才被名為「心垢」。信心不足、甚至沒有信心者，最容易墮落和懈怠。不信的相是渾濁的，由於它的渾濁，就會感染其他的心所。可見，許多的惡心所是由不信心的感染而起的。

②懈怠：「於善惡品，修斷事中，懶惰為性」。懈怠即是對應該修的善業沒有修，應該斷的惡業也沒有斷；甚至只有斷惡而不修善，或只修善而不斷惡，也都屬於懈怠，也即是說不夠精進（精進在佛法中的定義是非常崇高和嚴格的）。懈怠的另一種解釋是懶惰，懶惰包含了墮落的意義：不想行善即是不想向上，不向上的話，自然地就容易

墮落。精進的涵義是止惡行善，與世間法所說的努力（勤）有不同之處。勤可以勤於行善，也可勤於作惡。作惡的人對正在行動或之前的行動所作的努力，可能比行善者的努力還要多，在佛法來說，他還是很懶惰的。當一個人容易作惡而不易行善時，懈怠就要負起很大的責任了，因為這都是它在作怪的緣故。

③放逸：「於染淨品不能防修，縱蕩為性」。放逸心所是從懈怠與三毒上假立而有，故應防止貪、瞋、癡三毒和不信等染心的生起，同時也應盡量修習各種善心所法。若這兩方面都做不到，即表示我們生活放逸。放逸比懈怠的相微細一點，有時並不容易發現它；當它生起來時，我們的言行都會有縱容、放蕩的情況。若以嚴格的角度來說，我們每一個人天天都在過著放逸的生活，可能在佛法的研究上我們是很精進，但在日常生活裡卻常有放逸的現象。

若從佛法的立場看，一個真正修學佛法、尤其是身心都投入佛法的出家人，假如讓一個不向上的念頭生起，即是放逸了，也即是說不能好好地保護自己的淨心。由此可見，若對自己愈加嚴格就會愈加向上，稍有放鬆都是放逸。學佛者，如一念與世間法相應已算有放逸心；行菩薩道的人或境界高的人，為了行菩薩道而與世間法相應，或行世間法時心不為之染汙，就不包括在內。

總之，我們要時時注意自己的身口意活動，不讓放逸有機會侵入，如此就會減少下墮的機會；否則一旦掉了下去，以後想再爬起來時就非花費一番工夫不可了。落下去後想再向上是一件很困難的事，就像一個有很深惡習的人，要他改過不是短期間內可以辨到。譬如喜愛看電視或電影的人，時間一到自然就會有種力量把他拖到電視機前或電影院去，這即是放逸的力量在發揮作用（只是它不易為人所知而已）。其實我們日日都與它同在，耽誤了向上的時間而不自覺。世間上的許多娛樂往往是導致人類墮落的因素，許多犯罪的手法可能是從電影中學來，電影往往又把犯罪的手法誇大，使人看了就會輕易地被它吸引、被它拉過去，這即是放逸所帶來的後果。

④昏沉：「令心於境，無堪任為性」，即是打瞌睡的情形。當昏沉時，別人在講什麼根本聽不進去，只聽到聲音嗡嗡作響。昏沉和掉舉會妨礙我們學習，使我們不容易學到想學習的東西。打坐時，昏沉的狀態一般都很嚴重，只要它一出現，心就失去控制的力量，想做什麼都做不來。雖然內心對自己的動靜還清楚地知道，可是就像是在夢境裡，即使那時心想要清醒過來，也已經是沒有力量來驅散它了。這與睡覺的情形有點相似，睡前一段時間多數是昏沉的。所以，打坐之前，最好能夠養足精神，以免發生昏沉的現象，如此工夫才能夠用得上去。一旦昏沉成了一種習慣，只要我們把腿一盤便會昏沉，那我們根本就不必再修這個法門，更談不上要得到輕安和定境了。

昏沉與輕安雖然很相似，卻可以分辨得出來：如果感到內心進入昏昧的狀況，即是昏沉；反之，假如內心進入寂靜，同時對內心的活動又有清明的感覺，而且能對周圍的一切都很敏感，那便是輕安，是入定前的一種現象。昏沉最大的缺點是使我們無法作觀想，若是修禪定而不作觀，最多只能使人得定而已。在修學佛法的過程中，定雖然重要，但從觀想所得到的慧比定來得重要；若我們不能在定中起觀想，就無法啟發智慧。所以，修定時若有了昏沉心所法的出現，那時頭腦就會轉不過來而覺得一切都是迷迷糊糊的，當然也就無法作任何的思考或觀想了。如果打坐時有昏沉出現，實是一件苦事，因為內心會因此生起煩惱與不安，甚至有不想繼續坐下去的心理。

⑤掉舉：「令心於境，不寂靜為性」。掉舉是打坐時的另一種現象，即是心上上下下不停地轉動，想東想西地散亂不已，根本不能集中注意力。一般人都有掉舉心所法。有人說打坐妄念更多，其實不是打坐後妄念才多起來，而是平時妄念就已經很多，只是我們發現不到。打坐時會發現很多妄念在上下活動，是因為內心比較沉靜下來，這個妄念即是掉舉心所法。

這個掉舉心所使我們無法集中精神，對外境不能自主，想得很多。如一個孤兒看見別人有父母兄弟時，會想像著自己也有父母兄弟的情景一樣，心上的幻影就像電影般一幕一幕地顯現出來。當一個人靜下來時，多少會有些幻想，這些幻想是一幕幕而有連貫性地接下去發展的，這種情形即是掉舉。掉舉與散亂有些不一樣：掉舉時心雖然不寂靜，可是還能令心於某種境上起思考作用，只不過這個思考作用是我們無法控制的；散亂則沒有規律，是流蕩為性，亂想一通。可見，散亂比掉舉還要嚴重。

心於境上起了不寂靜的情形後，能障行捨，使「止」不能生起。當心掉舉時不會有定，若我們能發現掉舉心所法的活動時，表示比以前進步了，只是還須下更大的心力令心專注，才能使掉舉的情況漸漸減少。當妄念多時，如果我們想與它作戰，那是肯定輸的，唯一的辦法就是完全不理會它，把心專注在所用的工夫上；過了一段時間，掉舉就會慢慢地減少。

如果它捲土重來，我們當時的工夫也比較穩了，那麼即可把所用的工夫完全放下而牢牢地看住掉舉，看看它到底是什麼東西。這個方法有點像站在十字街口看著街上各形各式的人來來往往，這些人與自己沒有任何關係，我們只是看著心而不要被他們其中的任何一個吸引去，更不去理會他們；過了這段熱鬧的時刻後，人群終會漸漸地散去。

對待妄念也是這樣，就是一味地不理會它，也不捕捉它，就讓它這樣地來來去去；過了一段時間，它自然會漸漸地減少。如果修禪工夫深，是可以與妄想打架，即當妄念生起時立刻捉住它，把它踩碎打死，但這種情形需要有很微細的工夫才行。妄念有粗有細（粗的容易被發現和除去），當修至某個程度時，妄念就會變得微細而比較難斷，這時就要用打架的工夫來斷除它。

以上雖然介紹了各種對付掉舉的方法，但最好的還是把心專注在所用的方法上而不去理會它。當妄念自討沒趣時，它自然地就會散去，就像個撒嬌的孩子，只要心不理會它就好了。

⑥散亂：散亂屬假法，依貪、瞋、癡三法假立而有，「令心流蕩為性」。散亂是內心沒有一個思考的中心點，只是亂想一番，其實也不知道自己想的是什麼？如果有散亂心所法時，表示已經接近精神病的階段，講話時語無倫次。不論是掉舉或散亂都不是好現象，最好能達到行捨，把一切捨下而將心集中以產生定力。

⑦失念：「於諸所緣，不能明記為性，能障正念，散亂所依為業」。「念」在佛法指正念，在心理學則指記憶。心理學家認為失念即失去了記憶力，對以前所發生的事情記不起來（一般人有時會忘記某些事情，但還不致於什麼也不記得），但佛法所講的失念就沒有這麼嚴重，只是失去了正念而已。失念心所法的力量相當強，人們經常會忘記自己的身分而去做些莫名其妙的事，因為當時的心不與正念相應。為恐失念，一些念佛的人才需要拿念珠，以免忘記念佛。

有正念的人，心時時都與佛相應，即使不拿念珠也不致於失念。那些常常要借助念珠來念佛的人，表示他時時會失念的可能性很高。有些人甚至已把念珠握在手裡，念珠在移動了，口卻不停地講閒話，可見他失念得有多嚴重，不能明記當時的正念是什麼？

打坐時也常有這種現象：數息時，往往數了一半後就會忘了數下去，因為那時的正念已經散去，念頭混亂極了，此時想重新再用功就會覺得很困難。所以，佛陀常教弟子們要保持正念，因為只有保持正念，才會有正定。

記憶不好不是件最壞的事，沒有正念才是真正的危險。正念一旦失去，惡念就會接著來了，人沒有一刻是無念的，所念的不是正念便是邪念；正念若不生起來，就可能是惡念生起，因此必須時時保持正念。佛法教人作六念法或作觀等方法，都是為了幫助我們保持正念。在日常生活裡，要時時念及自己是一個學佛者、學佛者的行為應該如何，這樣正念就不會失去，失念依癡與染汙心而有。

⑧不正知：不正知即是錯誤的判斷，它是依惡慧與癡而假立，並「於所觀境，謬解為性」。不正知是對所觀察的境界起了錯誤的看法，它能障正知，使人有所毀犯。比如為了一句自己尚未能了解其真正涵義的話而動怒，或還未把話聽完就馬上發脾氣，此皆以為別人是在毀謗自己，於是就生起不愉快的心理；可能還會進一步犯戒，做出一些毀犯別人的事，這就是不正知心所在發揮作用。

在我們的日常生活裡，就常有不清楚其來龍去脈的事，可是我們卻以錯誤的眼光來看待它。其實對每一種事相的發生，我們應該以客觀的態度看待，這是很重要的觀念。煩惱心所法的出現，會使我們無法看清事相發生的原因。所以當事相發生時，應先保持冷靜，再加以觀察才是上策。在情緒低落或激動時，不適合作出任何的判斷，因為當時所作的判斷會受情緒的影響而不正確。

在八種大隨煩惱裡，其中有四種是實法，另外四種是假法（也有說三種假法、五種實法）。實法包括了昏沉、掉舉、不信、懈怠，其餘的不正知、散亂、失念、放逸是屬於假法。

(6)不定心所法

六、不定有四。一睡眠，二惡作，三尋，四伺。

不定心所法共有四種，皆與第六意識相應，亦是屬於第六意識的作用。它們不屬於善，亦不屬於惡，所以名為「不定」。若要判定它的善惡，就必須詳細地觀察它的來源才能論斷。

①睡眠：「令身不自在，昧略為性」。關於睡眠，我們不能一下子就定論說它是好是壞，必須看自己如何對待睡眠：如果懂得利用睡眠，它就是善心所法；如果不善加利用，睡眠便是惡心所法。正常的睡眠是善的，若能依各種年齡所需的時間而睡是好的。嬰孩每天需要二十小時的睡眠，我們不能因為他睡得多就認為這樣的睡眠不好，因為他們是在睡眠中長大。對大人來說，睡眠只是為了養神，所以過分的睡眠就不好，因為睡得愈多反而會愈疲倦。由此可見，處理睡眠的方法得不得法，就可以決定睡眠是善是

惡，所以睡眠屬於不定法。

在一些論典裡，睡眠也有被稱為夢的。睡眠與夢在百法裡的意義一樣，但在講解上就有些不一樣了。夢只是睡眠裡所發生的一種作用，不過它也如睡眠一樣，不能被肯定為是善或是惡。夢是屬於第六意識的作用，可以從中看出一個人所過的生活。我的經驗是從夢中可以看出自己的修持工夫：當夢見被鬼追時，如果還記得念佛，即表示自己當時的心念念不忘佛；反之，如果當時只懂得掙扎，那可就危險了。因為夢境與生命臨終的情景有些相似，所以夢中不記得念佛，相信臨終那一刻也不會記得念佛。若臨終時能與佛法相應，生命就有解脫的可能性，即使不往生西方，也會再來人間。而且既然死前與佛法這樣相應，那下一生與佛法的關係便可能更加地密切。

對於夢，有人說是一種煩惱，因為在夢中可以見到將要發生的事，這是可能的。唯識學說夢有許多種現象，其中一種情形是阿賴耶識有事要交代第六意識，但又因為它自己的作用很沉，無法直接作個交代，就只好等人睡眠、其他心王停止作用時，才在第六意識裡浮現出來。第六意識就會將所交代的發為夢境，使成為一種預感。這就像埋在土地裡的種子一樣，要發芽時就會先腫脹起來，那時泥土也會隨著增高一點；當見到這種情形時，就知道種子已經發芽了。我相信阿賴耶識托夢的情形也是如此。

業力都是種子，種子在成熟前必會有徵兆，而這些徵兆會在第六識裡出現。內心比較清淨的人就會預先夢見將要發生的事，所以可以事先作好準備。還有一種現象，即是會在夢中知道摯愛的人將發生什麼事，有些是能見到的，有些卻只能感覺到而已，這些都是心力的交通（彼此的電波容易溝通，當自己發生什麼事時，可以「打電報」過去，對方的電波就能接到消息）。在這種看法下，夢的好壞便很難論斷了。一般，我們能從夢中看出自己的一些因緣：如平常所做的事會出現在夢中，或在內心深處還保有某一種念頭，或前一世的種子因緣也會出現在夢中。平時，我們多少可以控制自己的思考，可是在夢裡這種力量就會完全失去，只剩下心所法在活躍。所以，平常不注意的事，做夢都會浮現出來。

②悔：又名惡作。後悔，即是對已經做的事情感到厭惡。悔也不能斷定它的好壞，這可分成四種情形來說：如果對所做的好事感到後悔，即是惡悔，如布施了一百元，後來又後悔給得太多，那一百元所帶來的功德會因此消失；如果是做了惡事後感到後悔，即是善悔；如果做了善事後又後悔所做的不夠，這種悔也是屬於善的；相反的，如果對所做的惡事感到後悔，認為做得還不夠的話，這是惡上加惡，當然便屬於惡悔了。

若我們對所做的惡事感到後悔，可以通過拜懺的法門讓自己發露所作，懺悔一番，並發願從此不再做。所以經常拜懺，心比較容易保持清淨。不過，當我們在拜時，必須是真正用心地拜，而不是為了應付儀式。除了拜懺，還有許多懺悔的方法可以實行，如在佛前發露懺悔，以及在內心自行懺悔（這是直接的懺悔）；即於惡念生起時，馬上以善念把它降伏。

站在修定的立場看，懺悔固然是好，但後悔的心所卻不好，如有句話說：「悔箭入心，堅不可拔。」經常後悔的人正表示了他經常都做錯事，然後才來常常後悔，這種情形會影響打坐的工夫。當自己一靜下來時，就會想起所做的錯事，後悔心便會生起，此時即使坐上兩個小時，所想的也不外就是後悔著那些所做過的錯事，這對打坐的工夫又有何益呢？所以凡是做錯事，必須立即懺悔，在發願以後不再犯同樣的錯誤後，就要徹底地將悔心捨去。許多剛學佛的人，就是常被悔心嚇跑，可知懺悔心是我們應該有的，但也要懂得將它捨去，絕不能讓它盤踞在內心，否則就無法行佛道了。

常為了做錯事而後悔的人，不單是要懺悔，還要盡量使身口意與佛法相應，真正地改過才行。若能實行佛法就能減少犯錯，這樣就不必常常懺悔了。如此才能真正與佛法相應，在修學佛法的道路上才會常有法喜充滿的感受。聖人沒有後悔心，因為他們沒有做錯事、不造惡業。如果我們的心靈也能達到突破，悔心就會消失；所做的都正確，又哪來後悔呢？那時，自然就會懂得如何應對外境而不需用世間的思想或見解，這即是一種智慧。

智慧就如鏡子，能反映出事物的真相，所謂「胡來胡現，漢來漢現」，到達這種境界時，任何外境都能以最清淨的一面來接受它，而後又能反映出它最正確的一面；若是這樣，悔心當然就不再有了。悔在世間法上有其善的一面，因為有悔心才懂得改過；但從另一個角度來看，我們也不能讓悔心永遠地跟著自己，而要把它捨去。

③尋、④伺：尋、伺簡單地說，就是思考的作用。尋與伺的作用一樣，不過尋的相比較粗，且思考的程度較淺；伺的相則比較微細，思考程度也較深。如從打坐的立場看：尋是覺，伺是觀，即對一件事物作出思考，也可說是一種推理的作用，亦即以推度的方法來找出理論中更詳細的部分。若要說其分別，尋心所的推理較粗略，而伺心所的推理則比較細密。

尋、伺有屬善，也有屬惡的：如在打坐時推想佛法的道理（觀想），便是善；假如思考的都是些壞主意，都與害心所法相應，就是惡。由此可見，尋、伺的善惡，要看尋、伺的對象是什麼或與哪一種心所法相應？若我們以佛說的法，如不淨觀等來作思考或觀想，而能漸漸地發現自己開始與佛法相應，且真正地看到如佛所說的境界出現時，那時即是一種智慧的產生了。

上面的五十一個心所法，全都包含在第六意識裡，其他心王只有其中的一部分，尤其是第八阿賴耶識，只有五個遍行心所（故它沒有善惡，也沒有煩惱）；第七識有五個遍行心所、別境的一個慧心所，我癡、我見、我愛和我慢四個根本煩惱以及八個大隨煩惱；前五識有五個遍行心所、五個別境心所（也有說沒有的）、十一個善心所、根本煩惱裡的貪瞋癡三個心所、中隨和大隨煩惱都有。有關此部分的詳細解說，《八識規矩頌》裡講得非常清楚，可以拿來作個參考。

3. 色法

第三、色法，略有十一種。一眼，二耳，三鼻，四舌，五身，六色，七聲，八香，九味，十觸，十一法處所攝色。

(1) 色法的意義

對於「色」這個字，我們認識得太少，假如要真正地去研究色法，需要花很長的時間。色法中有一部分不太重要，我會省略不談，也就無法把色法的意義完全表達出來。色法的意義很廣，不過歸納起來可分為兩種，凡符合此兩種意義的都可名為色法。

①變壞義：色法一定會變壞，會變壞的也一定是色法。我們肉眼所見的東西必然有成、住、壞、空四種相，而人有生、老（病）、死（也有說是成、壞、空）三種相。其實，世界上沒有一樣東西是能夠「住」的，此所謂的「住」是保留它的狀態使之不變。大部分的東西雖然都有其形狀，而且看起來能保留一段相當長的時間，但事實上並非如此：因為它每一個時刻都在改變中。「成」是指逐漸地完成它的形狀，之後它又會慢慢地變「壞」，到最後歸於「空」——不存在了。

成、壞、空是一切色法都不能離開的三種相，也即因為它們有這三相，才會生起和變壞。當它生起來的時候，我們說這是因緣的和合；當它變壞時，便說是因緣離散了。不管如何，所有的東西都不能永遠保持不變，它們一定會在某種情況下變壞。人也是一樣，雖然今天的我與昨天的我在感覺上並沒有兩樣，但實際上今天的我與昨天的我已經相差太多了，甚至與前一秒的我都不同了。

②質礙義：也就是對礙義。色法有互相障礙的作用，比如人是不能從牆壁走過去，因為人是色法，牆壁也是色法，它們彼此間都有質礙，都有占領空間的作用。

雖然前面說過，凡是符合這兩個定義者都名為色法，但並不是說所有的色法都非符合這兩個意義不可，也有些色法沒有質礙。這在下面談到三種色法時，會進一步解釋何謂相礙？是否一定必以空間做為障礙之處不可？

除了這二義外，有些書還多加了一個意義：

③方所出現：指有處所，即所有色法都會占領著一定的地方。色法又可分為能造與所造兩類。能造的即是四大，因為一切所見所觸的色法都由四大所造，故四大是一切色法的元素。四大的名稱依循以前印度的說法，是地、水、火和風四種。若用現代語來說：地是固體，水是液體，火是溫度，風是氣體。近代的學說也說：物質有固體、液體和氣體三種；至於溫度，科學家名之為「能」（佛法把「能」也當作一種色法）。此四

種元素是造成山河大地的根本原料，我們的身體也是由它們所造成。

至於性能方面，四大也各有其是：「地」代表堅固性，此所謂的堅固是指當我們觸摸到它時，會有堅硬的感受，實際上它並不堅固。如只要大力地敲打桌子，它就會破裂，即使不故意弄壞它，總有一天它也會變壞；「水」代表濕性；「火」代表暖性，以及「風」代表輕動性。當我們說人的身體、骨頭和肌肉之類屬於地大，血液、汗水和大小便屬於「水大」，體溫屬於「火大」，以及呼吸屬於「風大」時，這只不過是大略的說法。

其實，每一個色法的元素必須與其他的元素互相配合，才能產生其作用，如「地大」裡必須包括了水、火、風才有作用。比方骨頭、肌肉裡除了地之外，也有水、火和風，只不過四大和合時，屬於地這個部分的成分比較多，其他部分的成分比較少而已。

所以以此類推，我們就以成分多的來說它是屬於地大、水大、火大或風大了，實則它們都是四大互相組合而成的。在四大和合的色法中，「地大」比較堅固，所以它能保持物質的形狀；「水大」能令物質和合，因水除了潮濕性，還有黏性；「火大」能保持物質的溫度；「風大」能使物質改變，因它有動的作用。

四大是一切物質的元素，所以稱它是能造色，即由此四大能造所有的色法；而所造之色共有十一種，可歸納為三類：

a.可見可對色：指可以看到、可以相對或有相礙作用的色法，此即色塵，或眼睛所見的一切。如果是與煩惱心所相應的「色」，即指男女之間的色欲。外人不了解佛法所談的「色」的意義，以為「色」是指女色而已，這是一項很大的錯誤。

五塵之一的色塵為眼根所緣，而色塵又包括了顯色、形色和表色三種。依佛法來說，「顯色」指的是青、黃、赤、白等四種根本顏色。不過，據現代科學的說法是：青、黃、赤是根本的顏色，但白色就不是了。因為根本顏色有延生其他顏色的作用，而白色只不過是所有顏色反射出來後的顏色（所有顏色被吸收為一體後就是黑色），如太陽反射出來的七種光線即成白色一樣，可見白色不是根本色。若我們將根本顏色互相混合後，就可以產生其他的顏色，其中可以兩種色來混合，也可以三種色來混合：如以黃與青混合就會變成藍色，而若黃的成分重就是淺藍，青的成分重就是深藍。由此可見，一切顏色的產生皆不出此三種根本色。

除此之外，光線、明亮、影子之類都屬於顯色，但這些顯色不是真的，只是由顏色所顯出，而且是內心所生起的一種分別。至於「形色」，是指長、短、方、圓、高、矮、肥、瘦等形狀，讓別人一看就可以知道這個色法是什麼形狀；「表色」則是指身體的一種姿態，如取、捨、屈、伸、行、住、坐、臥等，亦即從身體上可以看得出來的身業或所造的業，總之是身體的種種動作。這三種色已包括了一切眼睛可見的色塵，因為是肉眼可見，有相對障礙的作用，使我們不但能看到它的形狀，也能指出它的所在地，故名為可見可對色。

b.不可見可對色：這種色雖然是我們肉眼所看不見，但它卻有相礙的作用，如聲、香、味、觸四種塵境。它們不是眼睛所能見，卻可用我們的耳、舌或身去緣。聲音有相礙的作用，如大的聲音可以障礙小的聲音：只要大的聲音發起來，小的聲音就聽不清楚，這是因為耳朵受了某種聲音的震動後就聽不到其他的聲音，即使聽到也不清楚；尤其是尖銳的聲音，耳朵受的震動更大。香塵亦是如此：在香味濃的地方，其他的氣味就產生不了什麼作用。味的情形也是一樣：如先嘗刺激性強的味道後，再嘗刺激性少的食物，就會覺得後者沒有什麼滋味，這就如先吃糖果再喝咖啡時，會覺得咖啡很苦一樣，因為咖啡裡所加的糖不比糖果的味道強，所以就嘗不出其中糖的味道來；再加上咖啡本來就有苦味，當然就只嘗到苦味了。觸也有相礙的作用，當身體接受外來的觸感，如冷、熱、癢或痛等影響時，如果是先接受某種強烈的感受，如痛時，其他輕微的痛就不會影響神經的作用了。以上都是不可見而又可對的色，雖然它們的相礙作用不直接，卻是我們可以感受到的，因為它的確有這種作用存在。

c.不可見無可對色：指第六意識裡所有的色法，我們稱之為「法處所攝色」。法處有兩種法：即心法和色法，「法處所攝色」便屬於法處裡的色法。

(2)色法的分類

佛法裡的色法若再詳細分類，可分為五根、五塵和法塵。

①五根：指的是眼、耳、鼻、舌和身，每一種根都有其各別的意義和作用。如眼有「照矚」義，即視覺，若以現代的說法來看眼根，就名為視覺器官；耳有「能聞」義，名為聽覺器官；鼻有「能嗅」義，名為嗅覺器官；舌有「能嘗」義，名為味覺器官；而身有「積聚」和「依止」二義，名為觸覺器官。

根除了現代語名為器官外，它還有其他的意義，如下：

a.增上義：根可做為其他法的所依而讓其發生作用，如《三十七道品》裡五根的增上就能引生「五力」；若沒有「五力」，要得到「七覺支」就不容易了。此外，五識也必須依五根而生，否則五識不能產生任何作用，如眼識要生起作用，就必須要有眼根為所依。

b.出生義：根能產生識，所以說它有「出生」義，如樹根是樹所依止而始能穩立著，但樹根卻是樹所生出來的。當我們了解根的意義，就可明白修行為何要尋找一個根本的方法來下手：就以斷煩惱來說，如果只是用枝末的方法來處理，即使我們把所有的枝末煩惱都砍掉，卻留下根本的末斷，那根本煩惱還是有發芽生長的機會。若能先斷去根本煩惱，所剩下的隨煩惱也只是習氣而已，其作用不大，故不會造業。就像砍樹時只要連根拔起，即使它的枝葉在樹根被拔起後還很茂盛，也會因此而枯死。我們做人也一樣需要有根，否則生活就不踏實，生命也無法向上、向光明處去。在元朝時，中國有一個畫家畫了一棵沒有根的蘭花，就是在暗示當時的中國人都失去了根！

根又可分為兩種：

a. 扶塵根：又名扶根，即是扶助五種根的色塵。扶塵根是肉眼可見、浮現在外的根，如眼睛、耳朵、鼻子、舌頭和身體。其作用不是最大的。

b. 勝義根：為最大作用的根，又名淨色根。此根雖然是色法，卻是肉眼所不能見，故名淨色（清淨的色法），屬於神經系統。

勝義根與扶塵根兩者必須合作才能產生作用，只要其中的一根被破壞了，就起不了認識的作用。有些人沒有淨色根（即是神經系統損壞了），如下半身癱瘓的人之所以不能控制大小便，是因為其身根的神經系統損壞了；又如一個人的眼睛雖然構造完整卻看不見東西，即是他的眼根的神經系統損壞了；也有些人看不見，是因為扶塵根損壞了的關係。不管是哪一種根受損，都會影響到整個根的認識作用。

當我們的五根接觸外塵後，就要靠神經系統把外境的影像傳達給第六意識，然後在意識作出反應下，我們才會通過五識的產生認識到外塵是什麼；但因為神經系統的作用比較微細，我們不太容易感覺到它的變化。據小乘《阿毘達磨論》所記載，根有二十二種，除了以上五根外，還有生命根、男女根等，《三十七道品》裡的五根也包括在裡面。

②五塵：是五根所緣的外境，其色塵有「可見」義，為眼根所取，眼識所緣；聲塵有「可聞」義，為耳根所取，耳識所緣；香塵有「可嗅」義，為鼻根所取，鼻識所緣；味塵有「可嘗」義，為舌根所取，舌識所緣；觸塵有「可觸」義，為身根所取，身識所緣。

③法塵：若眼、耳、鼻、舌和身五根能各別緣色、聲、香、味和觸五塵，那剩下來的法塵要由什麼來緣呢？它本是該由意根來緣，若是如此，就該把意根放進色法裡；但因為意根是屬於心法，又是心王第七末那識，所以就不能把它列入色法。既然法塵是由非色法的意根所緣，那法塵該屬於心法，可是我們又發現到心法（即所有的心所法）只是法塵裡的一部分而已，尚有另一部分是屬於色法（法處所攝色），所以法塵理所當然地被列入色法裡。

法塵是「十二處」中的法處之色，此色包括極略色、極迥色、定果色、受所引色和遍計所執色五種，皆為意識所緣。簡單地說，我們頭腦裡在轉的念頭，有時所緣的相是屬於一種色法，如想起某一個人（人即是色法），這相雖然是色，卻又是不可見，且不會有障礙，所以說它是不可見無可對色。

以下是關於「法處所攝色」的簡略解釋：a.極略色，b.極迴色。極略色與極迴色雖是兩種相差不多的色，同是觀想的作用，即同樣是屬於取相觀想的對象，但還是能分別出它的差別處。極略色是觀想實法的對象，如作不淨觀時，就觀想自己最喜愛的人死去，然後見其屍體慢慢地發生變化：從腫脹開始……最後變成骨頭，當時意識所緣的這種境即是極略色。而極迴色的觀想有些不同，那是一種假法的觀想，如觀想光明等。這是它們的不同點。

c.定果色：為入定時由第六意識所變現出來的現象（有些是可見的），如入火光定時有火光的發現。

d.受所引色：為意識裡所發生的業，也稱為無表色，即所謂的戒體。若這些業屬於善的便是律儀，反之便是不律儀。戒體的作用就是在自己將要犯戒的時候，產生一種力量阻止自己犯戒；若我們受了戒後依然沒有這種力量，就表示我們還未得到戒體。為了得到戒體，可通過許多方法，如用觀想的方法便可以得到它。

e.遍計所執色：是一種錯誤的推度，從遍計所執而來，如見繩以為蛇，這蛇的印象又留在第六意識裡，即成為遍計所執的色了。

4.心不相應行法

第四、心不相應行法，略有二十四種。一得，二命根，三眾同分，四異生性，五無想定，六滅盡定，七無想報，八名身，九句身，十文身，十一生，十二住，十三老，十四無常，十五流轉，十六定異，十七相應，十八勢速，十九次第，二十時，二十一方，二十二數，二十三和合性，二十四不和合性。

心不相應行法共有二十四種，連同心法（包括心所法）和色法，都是世間法。世間法與世間法之間有聯繫，即是心法與色法之間存在著聯繫作用，這種聯繫作用不能被肯定是屬於心法或色法，只好用另外的名詞來說明它。心法與色法之間有某些狀況或性質不能以色或心來說明，也要另立表達，這些名詞即是心不相應行法。

所謂的心不相應行法與心所法剛好相反：心所法與心相應，心不相應行法卻絕對不與心法相應，也不屬於色法。心、色二法之間的關係有：心王與心所法；心王與色法；心王、心所法與色法。為了說明它們之間的狀態或聯繫，就立了心不相應行法。

(1)得

「得」有獲得、成功或成就之義，它可以說明心法與色法之間的關係。如我得到一枝鉛筆，我是人，人是心法與色法的和合體，鉛筆則是色法，心色法的和合體與色法之間的關係，即是得。得到知識或禪定都屬於得，做某一件事有成就時也是得。得剛好與「不得」相反，百法裡沒有列入「不得」這一法，「不得」包含在「得」裡了（《俱舍論》裡有列入「不得」一法）。

「得」的情況看起來簡單，但它的範圍很廣。凡是色法與心法之間的關係就可說是「得」，我們也可能失去這種關係。凡夫有了我執，才有得失的觀念；也因為有得失，增長我執。為了得到便去追求所想的，這即是一種貪欲的表現，由得而有「我」與「我所有」。對於「得」，凡夫追求的是財、色、名、食和睡等五欲，當然所得或不得的也是五欲。

當凡夫得到愈多時，執著的也就愈深，也就愈容易產生追求的欲念，可見它們之間的關係是如何地密切。不過，這裡的「得」主要是指心法與色法之間的關係。至於心所法裡的執著和追求，則是屬於煩惱的範圍。有些人即使有所「得」也可以不去執著，因為他明白緣起的道理，知道只要因緣和合，即使不存有任何的追求意圖，也會有所得。

(2)命根

命根即生命的出生與維持的作用，即指從我們出生至死去這一段時間內生命存在的作用。若命根維持的時間愈久，表示生命愈長；若命根斷了，即是死亡的到來。命根如何產生作用呢？以佛法來說，是業力所致，這一世生命的或長或短，是前世所造的業力的影響。

談到命根，一定包含了第八識的種子、暖和壽命。這三者和合時就形成一個新的生命體，若缺一即是死亡；等到下一世三者再和合成為命根時，才會再出現另一個新的生命體。不論是在畜生道、餓鬼道或哪一道都好，命根都是隨著業力而依止在那一道。依唯識學說，命根是依種子而產生（種子說也即是一般的業力說）。

雖然命根受宿世的業力或種子所影響，但現世的業力也會影響命根的長短：如在得到命根後懂得修心養性或繼續不斷地修善，命根將會維持較長的時間；如果不懂得保護身體，它很快地就會衰敗，命根也跟著縮短了。命根是眾生的執著之一，不只人是如此，其他眾生也一樣愛惜自己的生命。所以，佛教站在這個立場勸世人，在希望自己活得長久一些時，也不要去殺害其他的眾生。

(3) 眾同分

「眾」是眾多眾生，「同」是種類相似，眾同分即指某一種同類的眾生，現代語則稱之為同類。眾同分有屬於心法的，也有屬於色法的。以佛法來分析，世間法裡共有兩大類的眾同分，即有情眾同分（有情世間）和無情眾同分（無情世間）。在有情眾同分裡又分成六種眾同分，即所謂的六凡眾生：天、人、阿修羅、畜生、餓鬼和地獄，這六種裡還可再分成二十八種眾同分。

人也有多種不同的眾同分：以地球上的人來說，就可分成白種、黃種、棕種和黑種四類；其中的黃種，又可再分成日本人、韓國人、蒙古人和漢人；而漢人裡又可再分成不同縣和不同省的人。若要再細分，還可在語言上分別。除了以上的方法外，我們也可以區域來分別：如有住在歐洲、美洲、澳洲或紐西蘭等的白種人；黃種人也有分別住在中國、日本、韓國，甚至住在美國或加拿大。除了人，動物也可分成飛禽、走獸或昆蟲等（當然還可以再詳細分類）的眾同分。

人之所以生為眾同分是基於共業所致，在某一個範圍內他們算是眾同分，但在另一個範圍內又不是眾同分。這是因為人雖然有共同的業力，也有個別的業力。個別的業力會使人與其他人之間有不同的相貌、思想、行為或習氣。雖然如此，在某種情況下，這些人同生在一個地方享有同樣的利益、過同樣的生活、受同樣法律的制裁和文化的熏陶，這即是眾同分，是從色法來分別的。

若從心法來分別，屬於同一種類的人，在思想和信仰上可以有不同處；或雖然不是同一種類，但思想或信仰上卻有其共同之處。由此可見，心法的眾同分可以打破色法的眾同分範圍。此外，眾同分又可分成兩種：一種是站在眾生的立場來分，此名為人同分；另一種則是法同分。不過，所謂的同分並不是說完全相同，而是有相似之處而已。因為到目前為止，世界上還找不到有兩個完全相似的人，即使是雙胞胎也有不同的地方。

(4) 異生性

異生性可說與眾同分相反，異生是指凡夫。異生性簡單地說，便是指凡夫的不同性。聖人的境界裡沒有異生性，因為聖人所證的境界或果位都一樣，如所有阿羅漢所證的是同樣的，佛與佛所證的也是同樣的。只有凡夫才有不同處，比如思想、見解、種類和區域不一樣。這些不一樣是因為凡夫受著煩惱與所知二障種子（即業力）的影響，各人的業力不一樣，出現的情形也就不一樣了。

不過，所謂規律的存在，就是要限定各人的不一樣，也即是一定要在不一樣裡找出一樣的秩序來維持其平衡，否則這世界就沒有安寧的一天了。總之，眾同分是共業所造成，異生性是別業所致；共業與別業分別使眾生生活在一起，而又有不一樣的地方。

(5) 無想定

無想定是一種禪定的工夫。佛教裡有多種修習禪定的方法，百法裡特別提出兩種，即無想定與滅盡定。這兩種都是心與心所法的狀況，與色法的關係不太密切。

無想定是對心所法裡的「想」心所不喜歡，他們以為所有的煩惱都因想而來，只要把想心所滅去就好了，於是勤作出離「想」的工夫（即觀照作意的工夫）。這種工夫修成後，能滅去第六意識（包括前五識）以及其中的五十一個心所法，而處於一種完全沒有思想的狀況，也就是無想定的境界。不過這只是有漏定，因為只滅去第六意識與它的心所法而已。

無想定是凡夫或外道所修的定。當外道成功修證到無想定時，會以為自己已進入涅槃，因為他覺得沒有了煩惱的衝動，其實並不是如此。一般，我們只能感受到第六意識的心所法在活動，實際上第七識也有煩惱，如果只是滅去第六意識的煩惱，並不表示所有的煩惱都滅去了。這些煩惱在進入無想定時只是暫時停止作用（煩惱被定力制伏），所以才會使人感覺到內心是平靜的。依佛法來說，這種平靜不夠徹底，第七識的煩惱還在；當定力一失，這些煩惱又會重新生起，使人再造業。這有如大石壓草，草不會斷根，只要有陽光和雨水的滋潤，草又會再生長。

因此，無想定無法真正斷滅煩惱，尤其是第七識的煩惱還存在，生死更是無法解脫。修定不作觀想無法得到智慧，要作觀就需要有「想」心所（初禪定至四禪定都還有想的作用）。無想定雖然是一種高深的定，但因沒有想心所而無法作觀啟發智慧；即使進修到更高深的定，還是不能斷煩惱（只能暫時壓住煩惱）。所以，佛陀不要他的弟子進入這種定，也不主張修習這種定。

(6) 滅盡定

要得滅盡定，首先要止息想作意，然後才滅去第六意識和第七識的四個煩惱。第七識的四個煩惱是生死輪迴的根本，也是我執的根本；我執必須除去，才能從生死中解脫出來。所以，當第七識的四個煩惱滅去時，所得的定就是無漏的滅盡定了。

佛陀勸人修定時不要一開始就入無想定，只是先把心力集中，然後作觀以啟發智慧；再漸漸地把煩惱斷除，當煩惱斷盡時就能進入滅盡定。滅盡定所得的果報已經不是世間法，所以不包括在心不相應行法裡，而是在無為法裡。不過，也不一定要入滅盡定才能把煩惱斷除，在未入深定前也能斷煩惱（有些人是在得欲界定時，煩惱就斷除了）。入定後斷煩惱所得的境界非常高，名為俱解脫（定解脫與慧解脫），如未入深定前即解脫了，只是慧解脫。

無論是先把煩惱斷了再入深定，或入深定了再滅煩惱，所證到的境界同樣是屬於無漏，一樣可以了脫生死。若只是慧解脫或智慧上的了脫，習氣還很重；如果得滅盡定後才解脫，習氣就薄弱，甚至是沒有了。因為定的工夫能把所有的習氣斷除乾淨，所以是俱解脫。由此可見，佛法所說的定，實是心地上的一種工夫啊！

(7)無想報

無想報是指無想定所得的果報，稱為無想天，此天就在第四禪定的廣果天。當生到這一層天後，能五百大劫住於無心，即沒有第六意識作用的一種境界。佛法裡所謂的天，尤其是初禪以上的天，實際上是一種定的工夫，當進入到某一種定時，即等於到了那一層天：如修的是無想定，當進入無想定時，也即到了無想天，享受此天的果報（因為當時的心境是無想天的境界）；如果剛好就在這種定中死去，阿賴耶識就會生到無想天來，招感到無想天的果報。由此可見，天沒有固定處所，這要看當時的阿賴耶識在哪裡。

佛說天只是一種心的境界，處在愈高的天，表示心境愈平靜、定力愈深；處在愈低的境界，表示妄想愈多，故地獄的眾生妄念最多，而且都是煩惱的、罪惡的。

天是一種定，且在定中還會有樂。有些眾生安住在定樂時，會以為已得涅槃，其實並非如此。修定者如果能修到心境平靜、安穩，進而連身體也忘卻了時，即使要坐上幾個小時不動也沒有問題。得定的人如果不懂得用觀法把定轉變過來，就只能長遠住在定境中；如果懂得把定轉成智慧，就不必擔心會進入無想定。所以，佛陀教人們修行的方法是止觀並行的。

除了無想定和無想天外，還有其他的定和天，這些定有粗細，也有深淺。觀想力也是如此：定力愈淺的，觀想力就較粗；但定力愈深（天位愈高，如入無色界定）時，觀想力反而轉弱。佛陀比較重視四禪天（據說佛陀是在第四禪天裡開悟）。到了第四禪天還是有色體的，因此心就容易安住，也容易作觀（如對佛法的認識不深，就無法作觀想）。

由此可見，若我們要了生死，萬萬不可修無想天，一旦招感到無想報，就表示會有五百劫時間不能修行觀想，也等於我們白白浪費了五百劫的生命！等業報期滿了，定力消失時，又會再次墮落，依據過去的業而升沉、流轉於生死流中，故無想報不是究竟的修行目標。

(8) 名身

名是名詞、名相，如百法裡的每一個法都是名；若幾個名詞合起來，就成了名身：如父是一個名、子也是一個名，父子二名合起來，就是名身；也有多名合起來的名身，如戒、定、慧等。名身包括了名詞、動詞、形容詞等所有的詞句。

名或名身的作用是「能詮諸法自性」，即表明或詮釋各種法的特性。以世間法的立場來說，每一個法都有其自性或作用，名的作用就是要指出它們各個所特有的自性，當我們看到某一個名時，就會聯想到這個法的作用。不過，名只是假法，不是固定不變，如華人稱「錄音機」的這個東西，馬來人是用另一個名詞來稱呼它，可見名詞只是在某一個眾同分裡所共用的假名。在某個特有的範圍內，某個名詞代表某個東西的意義，如果離開了這個範圍，那名詞所代表的意義也就失去了。因此，華人有華人自用的名詞，外國人也有他們自用的名詞，即使是同一樣東西，在不同的區域或不同的時代，也有以不同的名詞來解釋的。

(9) 句身

句是句子，一個句子稱為「句」，是由許多的名身合成；若幾個句子合起來，便是句身。句或句身的作用是詮釋諸法的差別。名本是表達諸法的意義，當它合成句子時就不單只是這個作用，它已能表達諸法的差別。諸法都有自性，也就有差別，為了解釋它們之間的差別，就要有句子：如花是一個名，若加上紅或黃，成了紅花或黃花，此時它們之間就顯出了差別。

⑽文身

文指文字、字母，其中也包含了語言。名身與句身都是為了認識諸法而設立，文身則是表達名身與句身的方法，也是人與人之間溝通感情或關係的方法，這些都屬於法塵。若文身是語言的表達，屬於聲塵；若是文字的表達，則屬於色塵。它們的作用都是為了表達諸法的某種意義、差別與自性，令人明瞭。

人類的溝通，缺少不了名、句、文三者（當然這是指在眾同分的共業下所形成的名、句、文，貓和人就不能以人類的名、句、文來互相溝通）。既然名、句、文都是外塵，我們就不必過於執著它。學佛者不能過分執著於文字（中國的禪宗主張「不立文字」，意思是說不執著文字），而要善於應用它，不要被它所牽引。文字不能完全表達法的意義，尤其是內心的許多感受都不是語言、文字所能表達，甚至有些意義是超越文字所記載的。有人說讀經要讀到力透紙背，即是要透徹了解經句更深一層的意義，而不單只是文字上所說的，否則就會被文字所綁了。有句話說：「依文解義，三世佛冤」，可知文字雖有一定的表達能力，卻不能完整地表達諸法的意義（作翻譯時最能發現這個問題）。

文字既然有限制，我們就必須突破文字的局限。佛法的修學注重在修持，主要的目的便是要我們親身去感受和體驗佛法的深義，而不是只作文字上的了解。一旦我們體驗到時，想用語文來表達當時的境界或感受，會發現難以表達，即使說了也與體證的境界有距離。為了適應時代的需要，詮釋佛法的文字不斷地出現，其中可能摻雜了一些錯誤的看法，所以我們更不可局限在文字的範圍內來了解佛法。若執著於文字，文字將成為一種障礙（文字障）；若能善用文字，文字就會化為般若（文字般若）了。

接下來的四種心不相應行法，是有為法的因果相：站在眾生或人的立場來看，是生、老、病、死；對物質說，則是成、住、壞、空；對心念說，則是生、住、異、滅。世間上沒有一樣東西是可以離開這四相的遷流。

(11) 生

以人來說，還未在這個世間出生是沒有，出世後就有，「先無今有」，故說生。說人是「本來沒有」時，是站在一段因果的立場或一個段落來說。若從因果的連續性說，不可說人是本有或本無。對於念頭也是一樣，若對某一外境起念是生；另一個外境來時，又再起另一個念，又是另一個生。由此可知，「生」是以一個段落來說。

(12)住

以世間法來說，凡是有「生」就會有「住」，「住」就是「有位暫停」，即是指能暫時保有一個狀態。實際上，世間沒有一件事物是可以「住」的，這些事物在改變的當兒，有一種相續的作用讓我們感覺它們的安住，所以說它是「住」。其實，當事物在相續的作用中安住時仍然在改變，並不是固定地住下來，現代的科學實驗中也證明了這一點。

為了適應眾生的需要，佛陀不得不立一個「住」，即指凡是在因果相續中能保持某一種狀況，以肉眼又看不出它在改變的就是「住」（若以慧眼看，就能看到它不停地在改變）。念頭的生滅也是如此：當我們在想某一件事時，會以為念頭就停留在那一件事物上，其實它是有改變的。除非我們已進入定境而又能住在定境上一段時間，那時的心念才會停住（若嚴格地說，還是有非常微細的改變）。

總結以上所說，若我們以肉眼來看世間，會發覺世間是有「住」相，而實際上一切現象是每一個剎那都在改變，每一剎那都是新的因果相續。

(13)老

一切事物雖然能暫時保有一個安穩的狀態，但在這個狀態裡，它是會逐漸地變「異」或是變「壞」的，這時我們以肉眼也看得出來。譬如一張桌子，當它還在住的階段時，我們會以為它沒有改變；但是當有一天發現它的腳斷了時，才驚覺原來它已經變「壞」了；然後，我們讓它繼續變壞至完全壞去時才把它燒掉，那時桌子就空了，這便是物質所必定經過的成住「壞」空的過程。

若站在人的立場說，生命的過程只不過是生住「老」死或生「老」病死（「老」又可包括病）。若再細看，心念的過程也只是生住「異」滅罷了——一個念頭生了起來，稍微停留一下（住），再轉一下念頭時，所想的又不一樣了（異）；等下一個念頭生起時，前一個念頭就完全消失了（滅）。由此可見，世間的一切法都是一直這樣循環不息地在改變。

(14) 無常

無常即「暫有後無」，如死，死是一期無常，是從有到無的一個階段。實際上，無常可分為兩種：一種是「一期無常」，即事物從生起到壞滅的過程，是我們所能感受到或看到的；另一種是「剎那無常」（這是無常最深的意義，也是佛所說的無常），如生命本在剎那的呼吸之間，當呼出去的氣吸不進來或吸進來又呼不出去時，生命也就結束了，這就是剎那無常。每一個剎那的改變，即是每一剎那的無常，只有用慧眼才能見到，而肉眼只能看到一期的無常而已。剎那無常不是一般人所容易感受或了解，除非是體證了無常。

如果能體證到無常，人才會真正地精進，就如〈普賢菩薩警眾偈〉所說：「但念無常，慎勿放逸！」菩薩警惕我們要憶念著無常來用功，千萬不要放逸；印光大師也以「死」字來警惕自己無常快來了，要趕快精進用功修行。說事物有生住異滅或成住壞空，是以世間法來說。依佛法所說，所有事物只有生、滅兩相；或再以更高深的眼光來看，所有事物都是不生不滅，但這就更加難以解釋了，除非是對緣起性空的道裡有深刻了解才能領會。

再接下來的十個心不相應行法，都與因果有關。若從唯識學的立場來看因果，學者們是主張「種子說」。有人認為只要研究了「種子說」，就能把握唯識學的中心，因為唯識學的中心——第八阿賴耶識，就是以種子來說明的，此即所謂的「賴耶緣起」。以下將說明的十個心不相應行法，都是在因果法上分位假立的（當然因果裡包含了心法、心所法與色法）。

(15)流轉

流轉是指因果的相續不斷，即因果在其演變的過程中沒有間斷；流轉就是在因果的相續不斷下假立。因果不是固定的，它可以是因，也可以是果，它的情形有如一個圓圈：因果、果因、因果……，一直不斷地連續著。若因果的相續是在心法與心所法之間，即名為「等無間緣」。

在我們的日常生活裡，昨天所做的事會影響今天，今天所做的可以影響明天；今天即是昨天的果，也是明天的因；而明天是今天的果，也是後天的因，因果的相續性就是這樣。再舉例來說明，種生芽，芽生根、葉、花、果，果又結種，種復生芽，又經歷根、葉……，再結果，就是這樣一直連續不斷地循環。世間法的每一件事物，也是如此地演變不停。

我們所做的一切都是種種的造作，都會形成業力。初期佛法說「業感緣起」，即認為我們現在所承受的一切都是業力招感而來的果報；當我們在承受果報的同時，又會繼續造業。若以唯識學來說，我們每做一件事，即等於在心田裡播下一粒種子，助緣成熟時種子會逐漸變成果，同時又會再推動我們去另造新因，播下另一顆新的種子。在如此地連續循環下，我們的生死沒有了結的一天，生是死的因，死又是另一個生的因，生死相續，流轉不停。

阿賴耶識就像瀑布一樣不斷地流著，眾生因為「無明緣行，行緣識……生緣老死」，所以形成了生死的流轉門。若以圓形來表示，眾生生命的流轉就像一串有十二個圈的項鍊，每個圈互相連接著眾生的生死死生，生死也就如圓形一樣無始無終了。器世間的成住壞空也是一樣地相續流轉：一個地球滅了，會再依眾生的共業，招感另一個地球。總之，宇宙間的一切事物就是如此地流轉著，而學佛者要斷的是生死的流轉；若能把一切流轉的生死洪流截斷，就能了脫生死。

⒃定異

定異即決定別異之義。因果方面雖有種種的差別，但善因善果、惡因惡果是絕對不會混亂。佛陀說了這樣一個故事：有一個長得很漂亮的女人，生活很窮困；另一個長得很醜陋的女人，生活卻很富裕；再有一個女人長得既漂亮又富有；最後一個既醜陋又貧窮。

佛陀告訴弟子：第一位女人前世脾氣很好，卻很吝嗇，不肯布施。因為不發脾氣，所以招感美麗的果報，但慳貪使她貧窮；第二位的情形剛好相反，她愛布施，但脾氣很壞，所以生活富裕，樣貌卻很醜陋；第三位女人則是前世脾氣好又肯布施，所以長得美麗又富有；至於既醜陋又窮的那位，是由於前世不但不肯布施，又愛發脾氣的緣故。因果的原理就是如此，條理分明，不會絲毫混亂。阿賴耶識是一個非常精密的心體，善惡的種子在這裡得到最妥善的保存。

由於善惡有決定的分別，所以善因與善因、惡因與惡因，都會各自成為同類。眾生多生以前若造下了惡因，但惡的助緣不足，便不會招感惡果；若再造惡因，這些惡因就會成為之前惡因的助緣，促使它早日成熟而招感惡果。佛陀特別強調今生，過去世已經過去了，不要造的都已經造了，只有在今世淨化自己，斷絕惡因才是上策。因此，前世的惡因在沒有新惡因的造作為助緣的情形下，惡果要成熟的機會將會轉弱。若我們不但止惡還更造善因，使前善因得到助緣，增強其成熟的機會，那一旦善果成熟時，對我們的修行就會有很大的幫助。

修行除了要有善根（因）外，還要有善果的協助，如果連連碰到逆境，那要修行就不容易了。所以，我們要多造善因、增強善根，使我們在修出世間法時能有足夠的資糧。其實，若在修道時出現業障或魔障，這都是自己的惡果成熟的緣故。由此可知，惡因的成熟會障礙我們學佛。我們有必要把因果的定異分清楚：勤勉一定不會有損，懈怠一定不會有益；種甜瓜絕對不能得苦果，種苦瓜絕對不能得甜果，這都是必然的現象。

(17) 相應

相應即指因果報應有相稱或相順的作用，也即所謂的共鳴。從因到果之間必會發生許多不同的現象，但因與果之間必然會有相順的作用。造惡因得惡果是必然的，但所得的惡果卻不一定與惡因完全一樣，只不過它們之間必然有一種相稱相順的作用產生。比如科學家把某一種元素加在另一種元素裡，使它變成第三種元素的道理一樣，我們稱這因果之間的密切關係為相應。如之前的故事，發脾氣會招來醜陋的果報，因與果之間已經有了不同，但卻有相順的作用；瞋火發起來時，臉色一定是很難看，這就與醜陋相應，即使以後沒有瞋心，也已經形成了習氣影響面相。可見，因果相應的情形也是善惡分明的。

(18) 勢速

勢速是指因果流轉時，其勢力的快速。為何人所種下的因，要到下一世才招感果報？因為因果不是一時能演變出來的，必須經過一段時間的累積。在業力增加成長時，即是勢速。眾生造業是一件一件地造又慢慢地累積，絕不是一下子就造完所有的業。業所帶來的影響很大，小的惡業雖然不是一時就能招感惡果，卻能促使煩惱加強它的衝動力量。一旦有了這種力量，必然會去造更大的惡業，而大惡業所帶來的影響力就更大。

業力就是這樣慢慢地加起來，等到一切都具備時，就會使人遭受到很大的苦果。由此可知，一個人在一生裡所遭遇的各種果報不是一天的成績，而是經年累月下累積形成的。在這段長時間內，因果的密切關係仍然存在。

因與果的互相影響和帶動的速度很快。比如一顆木瓜的種子種在泥土後，必待一年或更長的時間才能結果。這是一期因果的成熟，所需要的時間感覺上很長。不過，這顆種子並不是在一年後才突然變成果實。當種子種下去後，它就已經開始在改變，慢慢地成長，直到最後開花結果。在這期間的因果演變過程非常快，剎那不停地變化，這就是因果的勢速。因果流轉就如水一樣，水流的速度很快，快到我們無法分別出哪一個是因、哪一個是果，它們已經連貫起來了。我們用一期的說法來解釋因果的演變，只是為了方便說明、易於了解而已。由此我們便可知修學佛法為何要保持正念，其目的就是要使我們念念相續，加強正念的力量來斷除煩惱。

(19) 次第

因果的排列是編列有序、不會紊亂，這即是次第。諸法的相有尊卑、上下、左右、前後之分，這些都是依因果所現出的相狀來排列。若約所招感的果報來談，先出現的就排列在前面，後出現的就排列在後，這些排列都有次序、規矩，絕不會也不可能混亂。

(20) 時

時是於有為諸法因果相續上假立的法，當前一念與後一念相續相應的作用發生時，所經過的過程就稱為時間。有人以為因果受時間的限制，其實是時間受因果的限制。因果是主、時間是客，在因果相續的時候，時間就出現了。如說過去、現在、未來，或過去世、現在世、未來世，去年、今年、明年，上個月、這個月、下個月和昨天、今天、明天等，即是一種因果的相續，而時間的分別即是因果在相續時所現之相。

佛經說，地球上的一年，在某一層天只是一天，表示時間的長短不是固定的。地球繞太陽旋轉一週，需費時三百六十五又四分之一天，名為一年；在最靠近太陽的那個星球，只需九十多天即可繞太陽一週了，也同名為一年。地球的一年與那個星球的一年在時間上就有了差別，可知時間是沒有固定的。這種經驗對修行者來說更是切實，如打坐用上了工夫，時間雖然過去了卻不覺得。近代的太虛大師就曾有過這樣的經驗：他入定時曾聽到開大禁的鐘聲，當他從定中醒過來時卻聽到上早殿的鐘聲，其間大約經過了六小時，但他卻完全感覺不到時間的存在（進入定境時，心念專注於一境，所以時間的感覺就不存在了），很長的時間對他來說只是一念之間而已。

至於過去、現在和未來的分別：法是已生已滅的曰「過去」，已生未滅的曰「現在」，未生的則曰「未來」，這三相《金剛經》都說不可得。世人以為時間是實法，便執著於時間。如果我們能超越時間或不執著時間，就不會受時間和因果的限制，所以才說「真如自性，豎窮三際，橫遍十方」。能不受時間與空間的限制，才有無量壽（時間無限）、無量光（空間無限）。

(21)方

方有時也稱為空間，包括了處所和方向，即一般所說的東、南、西、北、四維、上、下等處所。色法的因果在運作時，顯現出差別與等齊的假相，而色法在遍布時有一定的方所。我們在地球上畫了許許多多的直橫線，目的就是為了方便尋找某一個國家的處所，而實際上地球的表面並沒有這些線，它們只是人類在假想下畫成的。東南西北的方向並不是一定的，也不是絕對如此，只不過為了說明世間法存在的方所而假立它。

我們說馬來西亞的東面是日本、台灣、香港、菲律賓等國家，西面是歐洲、印度、阿拉伯等國家。如果說歐洲在馬來西亞的東面也沒有錯，因為往東走一樣可以抵達歐洲。地球是圓的，東方要設立在哪裡才對呢？可知方向只是一種說明，實際上都是假法。

每個眾同分都有各自的文字、語言，同一個方所在說明上就會有所不同。雖然方所是假立的法，但眾生在未了脫生死、還未能脫離世間法之前，就離不開方所。因為所見的空間都有方所的限制，所以方所的說明還是需要的。對一個達到某種境界的修定者，他所見到的空間就是無限的。

(22) 數

「數」者數量，於有為諸法的一一差別上假立。在日常生活裡，我們常要用到數量來說明，即使是修定也常用數息的方法，因為數目字是我們最熟悉的，用起來會方便得多。佛陀教導弟子修定時，也常用稱為「甘露法門」的數息法。

(23) 和合性

和合性即是眾緣相合而不違，於眾緣集合上假立，如水乳相融。眾緣和合時，事物才能成立起來。

(24)不和合性

不和合性即眾緣不能和合，即諸法相違，如水、油其性不同而不能和合。

以上兩種性（和合性、不和合性）都是於因果上假立。眾緣和合才有因果的發生，眾緣不合因果就不能發生，如善與惡是不能和合的。我們過去所造的業有善有惡，如果想讓善因早日成熟，現在就要造更多的善業；當過去的善因與現在的善業和合時，我們就能感受到善果了。惡報的情形也是如此。

在二十四種心不相應行法裡，有些對我們的修行有幫助，即與因果有關的十個法。一切世間法都在緣起裡，如果我們能把握因果就能順利地修行。若不通過緣起而修行是違背因果，也不能有所成就，因謗無因果是最大的邪見之一。如果我們以為一個小小的因便能導致一下子成佛的果，那更是不可能的事。

當然單單修習一個法門是能夠成佛的，如念佛。但是，我們對這個法門的修習不只是下一點點的工夫就夠，而是要能念念不忘佛（因）；當心與佛相應時，就能往生西方極樂世界（果），繼續在那兒修行了。這些都必須眾緣和合才行，故佛說修行不必緊張，因為是盡未來際的事。當然，我們也必須把握時間不能懈怠，一旦懈怠，會招感墮落的果報。

當我們明白了和合與不和合性，以及相應等因果的原理後，於修行時才不會違背因果，即如「野狐禪」的故事：一位修行者只因說了「不落因果」一句話，便慘遭墮落為五百世的野狐；後由百丈禪師一句「不昧因果」的話點破，即刻開悟而脫離了野狐身。從這只因一字之差，竟墮落為畜生的果報中，我們便可知對因果的認識必須正確，稍有違背就會成了大邪見。

5. 無為法

第五、無為法者，略有六種。一虛空無為，二擇滅無為，三非擇滅無為，四不動滅無為，五想受滅無為，六真如無為。

百法裡最大的兩個分類，是有為法（前九十四種）和無為法（後六種）。有為法是「有作為」或「有造作」之義，即指業力，而業力是能導致輪迴生死的；無為法是「無造作」之義，是出世間法，不屬於造業的範圍，所以沒有輪迴的現象。由此可知，有為法是生滅門（流轉門），而無為法則是還滅門。

無為的境界本是無法解釋，它是一切現象的本體，也是一切有為法的本性。有為法是一種差別相，無為法則是無差別的平等相，這種平等相無法用語言、文字來表達。無為法的如如境界，若以人類的有限思考力和知識是無法體驗出來；而當真正體驗到時，又很難表達出來。佛法本是指導眾生解脫生死的方法，解脫生死即是無為的境界。眾生若不了解這種境界，就生不起嚮往的心去修行。若因無為的境界表達不出來就不對眾生說明，佛法便很有可能變成世間法；若只是以有為法做為說法的標準，本來對有為法已有多少了解的眾生，聽起來就會興趣索然、毫無新意了。所以佛陀在親證無為後，就想盡辦法要把它表達出來。

既然無為法無差別，那要如何令有差別眼光的世人去了解呢？有鑑於此，古德祖師們於是站在幾個適當的角度，並用了好幾個方法來加以說明。不管他們如何善巧地解說，所用的終究是世間的文字，與無為法畢竟有距離。這是因為要以有差別的法來解說無差別的平等法，是絕對不能說得完整。從種種對無為法的說明中，有些只是譬喻，有些只是從某個角度上來說明，所以在認識無為法時，我們的了解就不能局限在文字上，這是很重要的觀念。

上面所說的九十四種有為法中，有一些似乎是有實體、可以感覺到，但無為法就絕對不是一種事物，更不能把它當作是一件實際存在的物體來看待。

(1)虛空無為

無為法離諸障礙，猶如虛空，故以虛空譬喻無為，「虛空無為」便是從喻得名。當我們在遼闊的大海或草原上看天空時，會發現天空沒有障礙，且會覺得心胸也隨著寬大起來，至少在心理上有這種不一樣的感受。佛法談無為、般若，是真正體驗到空的境界，不是語言、文字所能表達。這種無為和般若的境界非常高，在世間法上很難對它有個明確的概念，所以佛陀便以種種的方法來說明，如說無常、空等。

佛法說空，許多人都誤解了它的涵義，以為空即是沒有，其實不然。空不是有，也不是沒有，而是一種絕對的境界——遠離對待的差別相。世間法多數以有、無、來、去、滅為說明，而空卻是離去這一切對待的解釋，只要有一點相對的成分在內，即不是佛法的境界了。不過為了使世人明白，有時還是會把它說成是「無」、「沒有」，雖然這樣並不能徹底說明它的意義（只有盡量避免用「有」來作比較或說明了）。

無為（空）是一種體驗，只有達到這種境界的人，才能真正知道那到底是怎麼一回事？「畢竟空」或「絕對空」不是指虛無斷滅的空，它是絕對的超越：不是住在「有」，也不是住在「空」；它否定了一切，也建立了一切，而且必須建立在緣起來談。如果除去緣起來談空，就會變成「斷滅空」。有「斷滅空」的觀念是危險的，它可以產生斷滅論，引生斷見。所以，對空的解釋，《釋摩訶衍論》裡就作了十種譬喻：

①空有無障礙義：空不屬於色法，也不屬於心法，它的無障礙就像虛空一樣能普遍一切，卻沒有障礙任何一法。

②空有平等義：如虛空沒有揀擇，於一切平等。空間有大小，那是因為色法有大小，造成空間有大小；空間有美醜，那只是色法有美醜。空是平等無差別，所以沒有美醜、輕重或大小之分。佛陀及其弟子證到空時，境界都是一樣；即使是聲聞或辟支佛所

證的空，與佛陀所證的空還是一樣，差別處只是證的量度有深淺。我們可用這樣的一個比喻來說明：一個人分別從房子裡的洞、窗和門三個不同的角度去看外面的景象時，所見的景象當然就不一樣。這只是因為角度有大小，而使得所看到的景象有大小、清楚和模糊的差別而已。三乘的境界亦是如此。

③空有周遍義：如虛空遍滿一切，無所不是。

④空有廣大義：如虛空的廣大，無邊無際。虛空本是不可衡量，它是受色法的限制而使其看起來似乎有所限制而已。如果站在一個廣闊的地方來看虛空，就會發現它是無邊際的。

⑤空有無形象義：空沒有長、短、方、圓的形狀，因為色法有形狀，空就變成有形狀，其實它是沒有任何形狀的。

⑥空有清淨義：如虛空的恆常清淨，無有垢染塵穢。虛空裡有垢染，只是垢染本身的垢染，它是不能影響虛空的清淨。

⑦空有不動義：如虛空恆常寂止，離一切生滅成壞之相。虛空沒有成、住、壞、空的形相，所以它沒有變動。

⑧空有絕對否定義：把一切有限的事理徹底地否定和消滅掉。說空是「有」是「無」都不對，因為有無是有對待、有限量，空的境界連善與惡、清淨與垢染都沒有。

⑨空有空空義：徹底否定一切自性和摧毀一切空執。當我們否定相對的有為法時，同時也表示否定了空。如果念頭落在空裡，這還是一種執著，即是「空執」。空不能被當作一件事物或觀念來處理，否則落入空執裡便無法超脫，到時就會變得無法與人共處（這種空執很有可能是「斷滅空」）。其實「空空」雖然否定了一切，但它也建立起一切有為法的價值，不過這種有的價值與先前的「有」已經不同，它是完全沒有執著的。

⑩空有不可得義：如虛空的不可取著。此說明了空只是一種不可捉摸的境界，它不是一件物品，而是超越一切。

通過這十種比喻，我們對空應該有些了解（不過，不是哲學上的了解）。雖然說了這麼多，其實還是不能完全表達出空的意義，只能多少了解空的主要性質（但還是知識上的了解而已）。因為在人類的語言、文字裡，已經沒有另一個字可以代替「空」來說明這種境界了。空的境界一旦用上文字的說明就會成了「有」，為了說明便不得不引用眾多的比喻來明白它的涵義，但畢竟比不上親身體證般若那樣地清楚。

(2)擇滅無為

由無漏智揀擇力滅諸雜染故，名擇滅無為。當以無漏慧的揀擇力斷滅染法的時候，即是擇滅無為，因無為能把世出世法分辨得非常清楚而去染顯淨，所以就以擇滅來比喻無為。只要有了正見，就會有辨別善惡的智慧；當這智慧達到無漏時，辨別的力量就會很強，尤其是體驗到空時，一切染法都會滅去。有一些染法（包括了所有的惡法和煩惱）看似微弱無力，力量卻最強，因為它的根紮得最深，且是平時不易發現的，但無漏慧的揀擇力能將它斷盡。

別境心所裡的慧心所，如與善相應，便可得此有揀擇力量的無漏善慧。世間智慧只要能與正見相應，一樣可以判斷邪正；但如果與邪見相應，它的揀擇力便會發生錯誤。見有引導眾生向善向惡的力量：如果是正見，便能導致解脫；如果是惡見，必會引生更多的惡業，所謂「一盲引眾盲，相引入火坑」。學佛者具備正見是非常重要的，即使破戒了，只要沒有破見，還是有挽救的機會。破戒了固然會墮落，果報一旦受完後，正見會引導我們走向佛道；如果是破見，想重回佛陀懷抱的希望就渺茫了，縱使是從地獄出來再回到人間，邪見依然會繼續引導我們走向邪道。

(3) 非擇滅無為

本性不由揀擇而自清淨故，名非擇滅無為。當擇滅時，一定把有為無為、有漏無漏、善惡等分清楚，這就有了對待。為恐眾生會落入對待法裡，所以在擇滅無為之後，又說非擇滅無為，即說無為雖然有擇滅的力量，但它卻是非擇滅的、其本性清淨，根本就不必揀擇它的善惡染淨。

當說擇滅無為時，只是站在世間法的角度來說明：如虛空的遼闊，並不是因為有太陽，有沒有太陽，虛空都是一樣遼闊。太陽喻如揀擇，有太陽時能看清一切事物，沒有太陽就看不清楚。白天看見的虛空與晚上看見的虛空有明暗之分，但其遼闊度是一樣的，並不因為明暗而有大小之分。擇滅與非擇滅的情形也是一樣，為了說明，就說無為是擇滅的，然後才說非擇滅是無為的本性，這是站在兩個不同的角度來說明無為。

(4)不動滅無為

離第三禪時（指第四禪），滅苦樂受故，名不動滅無為。以修禪的境界來說，初禪有覺觀（即不定心所法裡的尋、伺），但內心還有衝動的力量；二禪時覺觀消滅，只有喜的境界（這種喜還是一種衝動力）；過了一段時間，又會對喜的境界厭惡而進一步進入三禪，這時喜消失，只有樂境。這種樂遍滿全身，會覺得整個身心都沐浴在一種非常清淨的樂境裡，此是世間法裡最高的樂境；再往上一層進入四禪時是「捨念清淨地」，即一切的喜、樂、苦等都捨掉了，只是一種不是快樂、不是苦，不是喜也不是憂的清淨境界，此時已不再為苦、樂等受所動搖，是已達到所謂的「八風吹不動」的境界（因為他的心已經是捨心），這種境界就稱為「不動滅」。

不過，這也並不是說第四禪即是無為法，它還是屬於世間法，我們只不過拿它的境界來比喻無為而已。四禪的不動滅與無為法非常接近，佛弟子們也常被它迷惑，以為進入四禪就已證得四果。因為無為也是離去苦樂所得的一種境界，即所謂的「如如不動」，與四禪的境界非常相似，所以就以四禪的「不動滅」來比喻說明。

(5) 想受滅無為

離無所有處欲，想受不行故，名想受滅無為。此想受滅無為，是心不相應行法裡的「滅盡定」所得的果報。「滅盡定」是世間法，進入此定時，所有的不恆行心所法（即前六識的心所法，因不常與第八識相應，如人死即沒有前六識，故稱為不恆行心所法）與第七識裡的四根本煩惱都會全部滅掉，於是停止輪迴。在所有的心所法裡，想受心所法的作用最強，其餘的心所法都因它而起。當想受滅時，一切心所法也會跟著滅了；當想受滅去時，即是無為的境界，故標示「想受滅無為」。這與前面的不動滅無為，同樣是從定中離去煩惱與苦樂的干擾，進入不動滅與滅盡的境界。

(6) 真如無為

前五種無為，都是從各個角度來說明的無為：有從比喻說明的、有從其作用說明的，也有從其境界說明的，但「真如無為」才是無為的本體。無為的本體因為無法解釋，就用「真」與「如」二字來表示：「真」者不虛妄義，是離開世間法的虛妄不實而顯；「如」者不顛倒義，是離去世間的顛倒邪見而顯；非虛妄的是「真」，非顛倒的是「如」，無為法的本性即是這樣。不過，即使用「真如」二字來解說無為的本體，「真如」二字亦是假設之名而已。其實，無為非言詮所能及，除了「真如」二字外，的確沒有其他更好的字眼可以說明無為法，所以就只好假借它來說明。

四、解釋二無我

言無我者，略有二種。一補特伽羅無我，二法無我。

這是解釋本論宗旨的第二個問題——「云何為無我」的部分。二無我亦稱二空：第一是補特伽羅無我，即人我空；第二是法無我，即法空。不管是單指有情眾生的無我或一切法的無我，總之，佛教是主張無我的。這是一個很重要的觀念，如三法印裡就立了「諸法無我」印來印證諸法，如果某一法有「我」的觀念存在，它即非佛法了。後來的大乘佛法裡出現了「真常唯心系」，主張有「真我」的存在，這已經是與外道思想有混同之處了。對於「無我」的解說，可以站在多個不同的角度來談，而我是採用很簡單的說法來表明。

（一）補特伽羅無我

補特伽羅無我即五蘊無我，亦即眾生空。補特伽羅譯為「數取趣」，意謂眾生在六道裡不停地取著諸趣而輪迴不息，故我是輪迴的我，亦名生。一切眾生都由五蘊和合而有，也即是百法裡前九十四種有為法的和合（五蘊可以包括在九十四種法裡），如果把五蘊分開，試問究竟哪一蘊是我呢？我是「主宰」義、「恆常不變」義、「獨一」義，在這世間上根本就找不到一樣東西是符合這些條件，所以眾生是無我的。

（二）法無我

五蘊因為是和合而有，所以是不實在的。但若我們把五蘊分開，又會發現各個蘊也都是和合而有的，都是無我、都是空的。如色蘊雖須由四大組成，但四大本身也是因緣和合而有，其他四蘊也是如此。五蘊和合時沒有我，五蘊分開時仍然找不到我的存在，這就是所謂的法空或法無我了。法無我是除了眾生空外，包括了一切法，即所有非眾生的法也是無我的、非主宰的，它們皆是緣起和合而有。

佛法的「緣起論」是非常重要的知見，若我們能真正地了解緣起，即能建立起佛法的正見。如果我們能真正看到五蘊和合的是無我，就能證得我空而超脫；若能再進一步探討每一蘊，發現它們同樣是空，不但能在世間裡證得了脫，同時也能自由地來往世間了。這是因為那時已經能看出世間只是緣起性空，就如菩薩遊戲人間一樣，所以能受苦而不覺有苦，受樂也不覺有樂，果報的接受只是因果的一種自然現象。

一般說善報是樂、惡報是苦，其實果報是無記性，有苦有樂只是眾生的感受。既然果報是無記的，不管是善報或惡報，菩薩在接受果報時都能不受影響，更不被外境所動搖。菩薩因為證得了兩種無我的空境，所以能來往世間廣度眾生，即使處於地獄也不覺得有苦，處於天堂亦不覺得有樂。

佛陀在接受最貧窮者的施食時，並不覺得那是不好味；接受國王的布施時，亦不覺得那是無上妙味，這即是因為佛陀已證得二空，看透世間是緣起的，沒有一法是實際存在的緣故。雖然法是無我的，在緣起的運作下，它們又是很有條理地顯現而存在，所以當我們在面對這些幻相時，是不必否定因果的。

〔原文〕大乘百法明門論

世親菩薩 造

大唐三藏法師玄奘 譯

如世尊言，一切法無我。何等一切法？云何為無我？一切法者，略有五種。一者心法，二者心所有法，三者色法，四者心不相應行法，五者無為法。一切最勝故，與此相應故，二所現影故，三位差別故，四所顯示故。如是次第。

第一、心法，略有八種。一眼識，二耳識，三鼻識，四舌識，五身識，六意識，七末那識，八阿賴耶識。

第二、心所有法，略有五十一種，分為六位。一遍行有五，二別境有五，三善有十一，四煩惱有六，五隨煩惱有二十，六不定有四。一、遍行五者。一作意，二觸，三受，四想，五思。二、別境五者。一欲，二勝解，三念，四定，五慧。三、善十一者。一信，二精進，三慚，四愧，五無貪，六無瞋，七無癡，八輕安，九不放逸，十行捨，十一不害。四、煩惱六者。一貪，二瞋，三慢，四無明，五疑，六不正見。五、隨煩惱二十者。一忿，二恨，三惱，四覆，五誑，六諂，七憍，八害，九嫉，十慳，十一無慚，十二無愧，十三不信，十四懈怠，十五放逸，十六昏沉，十七掉舉，十八失念，十九不正知，二十散亂。六、不定有四。一睡眠，二惡作，三尋，四伺。

第三、色法，略有十一種。一眼，二耳，三鼻，四舌，五身，六色，七聲，八香，九味，十觸，十一法處所攝色。

第四、心不相應行法，略有二十四種。一得，二命根，三眾同分，四異生性，五無想定，六滅盡定，七無想報，八名身，九句身，十文身，十一生，十二住，十三老，十四無常，十五流轉，十六定異，十七相應，十八勢速，十九次第，二十時，二十一方，二十二數，二十三和合性，二十四不和合性。

第五、無為法者，略有六種。一虛空無為，二擇滅無為，三非擇滅無為，四不動滅無為，五想受滅無為，六真如無為。

言無我者，略有二種。一補特伽羅無我，二法無我。

〔附表〕五十一心所法性業表

1. 遍行

作意：警覺應起心種為性……引心令趣自境為業。
觸：令心、心所觸境為性……受、想、思等所依為業。
受：領納順、違、俱非境相為性……起欲為業。
想：於境取像為性……施設種種名言為業。
思：令心造作為性……於善品等，役心為業。

2. 別境

欲：於所樂境，希望為性……勤依為業。
勝解：於決定境，印持為性……不可引轉為業。
念：於曾習境，令心明記不忘為性……定依為業。
定：於所觀境，令心專注不散為性……智依為業。
慧：於所觀境，揀擇為性……斷疑為業。

3. 善

- 信：於實、德、能、深忍樂欲，心淨為性……對治不信，樂善為業。
- 精進：於善惡品，修斷事中，勇捍為性……對治懈怠，滿善為業。
- 慚：依自法力，崇重賢善為性……對治無慚，止息惡行為業。
- 愧：依世間力，輕拒暴惡為性……對治無愧，止息惡行為業。
- 無貪：於有、有具，無著為性……對治貪者，作善為業。
- 無瞋：於苦、苦具，無恚為性……對治瞋恚，作善為業。
- 無癡：於諸事理，明解為性……對治愚癡，作善為業。
- 輕安：遠離粗重，調暢身心，堪任為性……對治昏沉，轉依為業。
- 不放逸：精進三根，於所斷修，防修為性……對治放逸，成滿一切世出世善事為業。
- 行捨：精進三根，令心平等、正直、無功用住為性……對治掉舉，靜住為業。
- 不害：於諸有情，不為損惱，無瞋為性……能對治害，悲憫為業。

4. 煩惱

- 貪：於有、有具，染著為性……能障無貪，生苦為業。
- 瞋：於苦、苦具，憎恚為性……能障無瞋，不安隱性，惡行所依為業。
- 癡：於諸理事，迷闇為性……能障無癡，一切雜染所依為業。
- 慢：恃己於他，高舉為性……能障不慢，生苦為業。
- 疑：於諸諦理，猶豫為性……能障不疑、善品為業。
- 不正見：於諸諦理，顛倒推度，染慧為性……能障善見，招苦為業。

5. 隨煩惱

忿：依對現前不饒益境，憤發為性……能障不忿，執杖為業。

恨：由忿為先，懷惡不捨，結冤為性……能障不恨，熱惱為業。

惱：忿恨為先，追觸暴熱，狠戾為性……能障不惱，蛆螫為業。

覆：於自作罪，恐失利譽，隱藏為性……能障不覆，悔惱為業。

誑：為獲利譽，矯現有德，詭詐為性……能障不誑，邪命為業。

諂：為罔他故，矯設異儀，諂曲為性……能障不諂、教誨為業。

憍：於自盛事，深生染著，醉傲為性……能障不憍，染依為業。

害：於諸有情，心無悲愍，損惱為性……能障不害，逼惱為業。

嫉：殉自名利，不耐他榮，妒忌為性……能障不嫉，憂慼為業。

慳：耽著法財，不能惠捨，祕吝為性……能障不慳，鄙畜為業。

無慚：不顧自法，輕拒賢善為性……能障礙慚，生長惡行為業。

無愧：不顧世間，崇重暴惡為性……能障礙愧，生長惡行為業。

不信：於實、德、能，不忍樂欲，心穢為性……能障淨心，墮依為業。

懈怠：於善惡品，修斷事中，懶惰為性……能障精進，增染為業。

放逸：於染淨品不能防修，縱蕩為性……障不放逸，增惡損善所依為業。

昏沉：令心於境，無堪任為性……能障輕安，毘缽舍那為業。

掉舉：令心於境，不寂靜為性……能障行捨，奢摩他為業。

失念：於諸所緣，不能明記為性……能障正念，散亂所依為業。

不正知：於所觀境，謬解為性……能障正知，毀犯為業。

散亂：令心流蕩為性……能障正定，惡慧所依為業。

6. 不定

- 睡眠：令身不自在，昧略為性……障觀為業。
- 惡作：惡所作業，追悔為性……障止為業。
- 尋：令心怱遽，於意言境，粗轉為性……以安、不安住身心分位所依為業。
- 伺：令心怱遽，於意言境，細轉為性……以安、不安住身心分位所依為業。

聖嚴書院系列 4

聖嚴法師教話頭禪

聖嚴法師 著

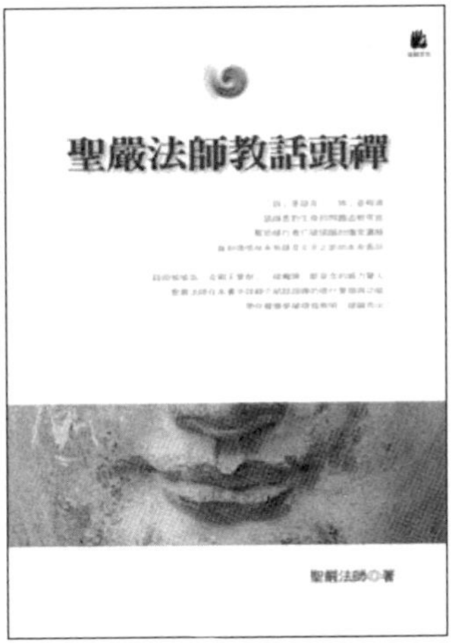

定價 260 元

話頭是金剛王寶劍，它與虛空等量。只要用話頭，妄念就好像漫天飛舞的雪花，一到火山口，雪花就融化了，連蒸氣都消失無蹤。

——聖嚴法師

「話」是語言，「頭」是根源，話頭是對生命的問題追根究底，幫助修行者打破頭腦的慣常邏輯，直到領悟尚未有語言文字之前的本來面目。

話頭被喻為「金剛王寶劍」，破魔障、斷妄念的威力驚人，聖嚴法師在本書中詳細介紹話頭禪的修行要領與功能，帶你層層參破煩惱無明，破繭而出！

智慧人系列 9

小止觀講記

釋繼程 著

定價 300 元

以知見為先導，禪定為樞紐，智者大師將其畢生所修、所行、所教，總歸為天台止觀法門，為中國佛教奠定系統化的理論基礎與實踐方法。

繼程法師以《小止觀》為綱要，融入《釋禪波羅蜜》、《六妙門》、《摩訶止觀》等修持體悟；在初講中詳細開示二十五種方便，著重禪修之前的準備工夫及禪修中的應用；在續講中則進一步指導調身、調息、調心的根本原則，以及禪定過程的身心變化、各種境界與對治之道。

智慧人系列 10

六妙門講記

釋繼程 著

定價 280 元

數、隨、止屬於止門，觀、還、淨屬於觀門，智者大師以六妙法門為修證根本，歸納所有禪定法門，為「天台止觀」確立一套解行並進的教學系統。

繼程法師依《六妙門》為綱要，融入《釋禪波羅蜜》、《小止觀》、《摩訶止觀》等修持體悟；指導禪修者透過數息、隨息安心修定，在一心不亂的境界中，培養深觀的智慧，在日常生活裡以六波羅蜜實踐菩薩道。

國家圖書館出版品預行編目資料

百法明門論講錄 ／ 釋繼程著. -- 初版 . -- 臺北市
：法鼓文化, 2009. 04
面 ； 公分. -- （智慧人；11）

ISBN 978-957-598-462-5（平裝）

1. 瑜伽部

222.13 98003274

智慧人 11

百法明門論講錄

著者／釋繼程
出版／法鼓文化
總監／釋果賢
總編輯／陳重光
責任編輯／李書儀
封面設計／兩隻老虎廣告設計有限公司
內頁美編／連紫吟、曹任華
地址／臺北市北投區公館路186號5樓
電話／(02) 2893-4646 傳真／(02) 2896-0731
網址／http://www.ddc.com.tw
E-mail／market@ddc.com.tw
讀者服務／(02) 2896-1600
初版一刷／2009年4月
初版九刷／2023年8月
建議售價／新臺幣280元
郵撥帳號／50013371
戶名／財團法人法鼓山文教基金會—法鼓文化
北美經銷處／紐約東初禪寺
Chan Meditation Center(New York, USA)
Tel／(718) 592-6593 E-mail: chancenter@gmail.com

法鼓文化